ERNST FRIEDRICH RUDER

Die Anwendung US-amerikanischen internationalen Kindschaftsrechts in Statusfragen durch deutsche Gerichte

Schriften zum Bürgerlichen Recht

Band 6

Die Anwendung US-amerikanischen internationalen Kindschaftsrechts in Statusfragen durch deutsche Gerichte

Von

Dr. Ernst Friedrich Röder, LL. M. (Tulane)

DUNCKER & HUMBLOT / BERLIN

Alle Rechte vorbehalten
© 1972 Duncker & Humblot, Berlin 41
Gedruckt 1972 bei Buchdruckerei Feese & Schulz, Berlin 41
Printed in Germany
ISBN 3 428 02759 0

Vorwort

Diese Arbeit hat dem Fachbereich Rechtswissenschaft der Universität Regensburg als Dissertation im Dezember 1970 vorgelegen. Die Literatur- und Rechtsprechungsnachweise sind auf dem Stand vom März 1972.

Mein herzlicher Dank gilt den Professoren Dr. D. Henrich und Oberstlandesgerichtsrat Dr. K. Firsching, die jederzeit bereit waren, mir durch klärende Gespräche zu helfen. Ich verdanke ihnen wertvolle Anregungen.

E. F. R.

Inhaltsverzeichnis

A. Einleitung

I. Zum Begriff des amerikanischen internationalen Kindschaftsrechts .. 11
II. Der Begriff des Status 12
III. Die Aufgabe dieser Arbeit 12

B. Die Anknüpfung an Staatsangehörigkeit und Domizil

I. Die Staatsangehörigkeit 14
   1. Die Anknüpfung an die Staatsangehörigkeit im deutschen internationalen Privatrecht 14
   2. Die Staatsangehörigkeit von US-Bürgern mit amerikanischem Domizil 14
   3. Die Staatsangehörigkeit von US-Bürgern ohne amerikanisches Domizil 16
II. Das Domizil 18
   1. Das für die Bestimmung des Domizils maßgebliche Recht 18
   2. Der Begriff des Domizils 19
   3. Das Domizil der verheirateten Frau 20
   4. Das Domizil des minderjährigen Kindes 20

C. Die eheliche Abstammung

I. Das interne amerikanische Recht 22
   1. Die eheliche Abstammung 22
   2. Die Anfechtung der Ehelichkeit 23
   3. Das nichteheliche Kind 25
II. Das amerikanische Kollisionsrecht 25
   1. Der Ausgangspunkt 25
   2. Die Lösungen 26
     a) lex fori 26
     b) Recht des Geburtsortes 27
     c) lex domicilii 27
   3. Die eheliche Abstammung vom Muttergatten 27
   4. Die Bestimmung des Muttergatten 29

5. Die eheliche Abstammung von der Mutter	30
6. Der relative Status eines Kindes	30
7. „Public policy"	32
III. Die internationale Zuständigkeit deutscher Gerichte	33
1. Die streitige Gerichtsbarkeit	33
2. Die freiwillige Gerichtsbarkeit	34
IV. Das deutsche Kollisionsrecht	34
1. Art. 18 EG	34
2. Die Bestimmung des Muttergatten	35
3. Die fehlerhafte Ehe der Eltern	37
4. Art. 27 EG	38
V. Die Schwierigkeiten bei der Anwendung amerikanischen Rechts	39
1. Der relative Status	39
2. „Public policy"	40
3. Die Anfechtung der Ehelichkeit gemäß Art. 18 II EG	41
4. Die Anfechtung der Ehelichkeit gemäß Art. 18 I EG	41
a) Das Anfechtungsverfahren	41
b) Die Anfechtungsberechtigten	43
c) Die zulässigen Beweismittel	45
d) Die Anfechtungsfristen	45
e) Das Anfechtungsverfahren vor dem Vormundschaftsgericht	47
f) Zusammenfassung	47
5. Die Wirkung amerikanischer Urteile in Deutschland	47

D. Die Legitimation

I. Das interne amerikanische Recht	49
II. Das amerikanische Kollisionsrecht	52
1. Die Regelung in North Carolina und Oregon	52
2. Die Lösungen	52
a) Das Personalstatut des Vaters	52
b) Das Personalstatut des Kindes	53
c) Die lex loci actus	53
d) Die lex fori	54
e) Das günstigste Recht	54
3. Die Vaterschaft	56
4. Die Gültigkeit der legitimierenden Ehe	56
5. Die Anerkennung der Legitimation und die Legitimationswirkungen	57
a) Das legitimierte Kind	57
b) Das anerkannte natürliche Kind	58
c) „Public policy"	58
III. Die internationale Zuständigkeit deutscher Gerichte	59
1. Die Legitimation durch nachfolgende Ehe	59
2. Die Legitimation durch Ehelicherklärung	60

Inhaltsverzeichnis 9

IV. Das deutsche Kollisionsrecht 61
   1. Art. 22 I EG 61
   2. Die Qualifikation 62
   3. Die Rückverweisung 63
   4. Art. 22 II EG 64
      a) Die erforderlichen Einwilligungen 64
      b) Die Bedeutung des Art. 22 II EG 64
   5. Die Nichtehelichkeit des Kindes 65
   6. Die Abstammung 65
   7. Die Ehe der Eltern 66
   8. Die fehlerhafte Legitimation 67
   9. Der ordre public 67

E. Die Adoption

I. Das interne amerikanische Recht 70
II. Das amerikanische Kollisionsrecht 72
   1. „Jurisdiction" 72
      a) Das Problem 72
      b) Die Lösungen 72
   2. Die Anerkennung einer ausländischen Adoption 76
   3. „Estoppel" 77
   4. Die Wirkungen einer ausländischen Adoption durch Hoheitsakt .. 78
   5. Die Wirkungen eines ausländischen Adoptionsvertrages 78
III. Die internationale Zuständigkeit deutscher Gerichte 80
   1. Die örtliche Zuständigkeit als Grundlage 80
   2. Das Gleichlaufprinzip 81
   3. Der beschränkte Gleichlauf 82
   4. Die Anerkennung des Adoptionsbeschlusses in Amerika 84
IV. Das deutsche Kollisionsrecht 85
   1. Art. 22 I EG 85
   2. Keine Parteiautonomie 85
   3. Die Qualifikation 85
   4. Art. 27 EG 88
      a) Die analoge Anwendung 88
      b) Die Verweisung auf die lex fori 88
      c) Die Probleme der versteckten Rückverweisung 88
   5. Art. 22 II EG 91
      a) Die Adoption in Deutschland 91
      b) Die Adoption in Amerika 92
      c) Das Fehlen der vormundschaftsgerichtlichen Genehmigung bei der vertraglichen Adoption 93
      d) Das Fehlen der vormundschaftsgerichtlichen Genehmigung bei der Adoption durch Hoheitsakt 93

Schrifttumsverzeichnis 96

A. Einleitung

I. Zum Begriff des amerikanischen internationalen Kindschaftsrechts

Es gibt kein amerikanisches[1] Kindschaftsrecht oder amerikanisches Konfliktsrecht in dem Sinn, daß für diese Rechtsgebiete in den Vereinigten Staaten eine einheitliche Regelung gilt. Für das Kindschaftsrecht und das dazugehörige internationale Privatrecht wird durch die Bundesverfassung nicht die Gesetzgebungskompetenz des Bundes begründet, so daß hierfür die Einzelstaaten und Territorien zuständig sind[2]. Auch die Bundesgerichte müssen das Recht der Gliedstaaten befolgen[3].

Aufgrund des gleichen geschichtlichen Hintergrundes deckt sich aber das Kindschaftsrecht der Einzelstaaten in den Grundzügen. Nur Louisiana und Puerto Rico weichen wegen ihres französischen und spanischen Erbes von den anderen US-Staaten hinsichtlich des Familienrechts teilweise ab. In Fragen des Kollisionsrechts besteht aber weitgehende Übereinstimmung in den Vereinigten Staaten. Die in dieser Arbeit entwickelten Gedanken beziehen sich daher auf alle Rechtsordnungen der USA. Im konkreten Fall ist es dennoch unumgänglich, das Recht des betreffenden Einzelstaats oder Territoriums zu untersuchen. Bei der großen Zahl der Staaten ist es im Hinblick auf den Umfang der Arbeit nicht möglich, das Recht *aller* Staaten zu berücksichtigen, wenn es sich in Einzelheiten von der allgemein üblichen Regelung unterscheidet. Soweit einzelne Gesetze in dieser Arbeit wörtlich zitiert sind, kann man aus ihnen das geltende Recht nicht zuverlässig entnehmen. Abgesehen davon, daß der Text der gesetzlichen Vorschriften allein — ohne Kenntnis der einschlägigen Rechtsprechung — die Rechtslage nicht zutreffend wiedergibt, besonders nicht in den USA, sind Gesetzesänderungen in den US-Staaten sehr häufig.

---

[1] Die Vereinigten Staaten von Amerika werden der Kürze halber Amerika genannt.

[2] U.S. Const. amend X mit U.S. Const. art. 1, § 8; dazu Erie R. R. Co. v. Tompkins, 304 U.S. 64, 58 S. Ct. 817, 114 A.L.R. 1487 (1938).

[3] Erie R. R. Co. v. Tompkins, s. o. Fußnote 2; Klaxon Co. v. Stentor Electric Mfg. Co., 313 U.S. 487 (1941). Abgesehen von Inzidententscheidungen sind Urteile der Bundesgerichte auf dem Gebiet des Kindschaftsrechts selten. Wegen der Gründe hierfür vgl. Spindel v. Spindel, 283 F. Supp. 797 (E.D.N.Y. 1968).

II. Der Begriff des Status

Gegenstand der Untersuchung ist nicht das amerikanische internationale Kindschaftsrecht schlechthin, sondern nur soweit es Fragen des persönlichen Status eines Kindes betrifft.

Persönlicher Status wird allgemein als die Rechtsstellung einer natürlichen Person in ihren persönlichen Rechtsverhältnissen verstanden[4]. Der Begriff des Status ist auch dem amerikanischen Recht bekannt[5]:

„Status is a legal personal relationship, not temporary in its nature nor terminable at the mere will of the parties, with which third persons and the state are concerned."

Vom „status" selbst sind seine Wirkungen („incidents") zu trennen[6]. So hat z. B. das eheliche Kind aufgrund seines Status Unterhaltsansprüche gegen seine Eltern und kraft gesetzlicher Erbfolge ein Erbrecht. In den meisten Fällen wird es nicht um das Bestehen des Status gehen, sondern darum, ob ein Unterhaltsanspruch oder ein Erbrecht besteht[7]. Aber bevor über letzteres entschieden werden kann, muß die Rechtsstellung des Betroffenen geklärt werden; d. h. das Bestehen eines ehelichen Kindschaftsverhältnisses bedingt die Entscheidung über Unterhaltsanspruch oder Erbrecht. Welche Rechtsordnung dann über diese Ansprüche im einzelnen entscheidet, bestimmt sich nach den jeweils einschlägigen internationalprivatrechtlichen Vorschriften.

Den hier behandelten Rechtsverhältnissen ist gemeinsam, daß sie die vom Gesetz gewünschte Eltern-Kind-Beziehung darstellen (eheliche Kindschaft) oder ähnlich wie diese behandelt werden (Adoption, Legitimation). Die Begründung der hier behandelten Verhältnisse ist unterschiedlich, ihre Rechtswirkungen sind jedoch weitgehend identisch.

III. Die Aufgabe dieser Arbeit

Aufgabe dieser Abhandlung ist es, die allen amerikanischen Staaten gemeinsamen Prinzipien des internationalen Kindschaftsrechts, soweit

---

[4] Makarov, Personalstatut 115; Neuhaus, Grundbegriffe 133.

[5] S. im Text Restatement 2d, Tent. Draft No. 4, § 119; ebenso Holzer v. Deutsche Reichsbahn Gesellschaft, 159 Misc. 830, 290 N.Y.S. 181, 191 (Sup. Ct. 1936); vgl. Makarov, Personalstatut 116; Taintor, Selected Readings 844 mit weiteren Nachweisen; vgl. auch Definition bei Graveson 2.

[6] Leflar 340.

[7] Personenstandsregister haben in den USA nicht die Bedeutung wie in Deutschland; s. Jayme, StAZ 1971, 65, 70.

III. Die Aufgabe dieser Arbeit

es sich auf Statusfragen bezieht, darzustellen und die Anwendung dieser Prinzipien durch deutsche Gerichte[8] zu erörtern.

Diese Untersuchung und ihre Ergebnisse können dann eine Bedeutung haben, die über reine Statusangelegenheiten hinausgreift, wenn die behandelten familienrechtlichen Verhältnisse in den einzelnen US-Staaten und auch in Deutschland ähnliche Wirkungen entfalten[9].

Denn unter diesen Umständen impliziert die Aussage über einen bestimmten Status auch eine Aussage über die mit diesem Status verbundenen Rechte und Pflichten.

Die Rechtsstellung des nichtehelichen Kindes ist dagegen in den hier in Frage kommenden Rechtsordnungen nicht einheitlich geregelt. Das gilt sowohl im Vergleich der verschiedenen US-Staaten untereinander als auch im Vergleich Deutschland - Amerika[10]. Die Feststellung der Nichtehelichkeit allein ist daher wenig aussagekräftig. Deshalb steht der Status des ehelichen Kindes im Mittelpunkt der Untersuchung.

Bei der Anwendung amerikanischen Kollisionsrechts wird vom deutschen internationalen Privatrecht ausgegangen, so wie es die herrschende Meinung, insbesondere in der Rechtsprechung, versteht. Auf die Diskussion darüber, ob die Art. 18 und 22 EGBGB mit Art. 3 II GG zu vereinbaren sind, wird nicht eingegangen[11].

---

[8] Deutsches Gericht bedeutet in dieser Arbeit ein staatliches Gericht innerhalb des Geltungsgebiets des Grundgesetzes für die Bundesrepublik Deutschland (einschließlich Westberlin).
[9] Taintor, Selected Readings 845; Ehrenzweig, Treatise 371, sieht hierin die einzige Berechtigung für die Verwendung des Begriffs „status".
[10] S. u. C I 3.
[11] Dafür: Dölle, RabelsZ 1953, 119 f.; Massfeller, StAZ 1953, 73 ff., 77; Hagemeyer, NJW 1953, 601 ff., 605; BGHZ 50, 370, 373; dagegen: Sturm 155 ff.; Müller-Freienfels, JZ 1957, 143 f., Beitzke, Grundgesetz und Internationalprivatrecht 24 ff.; OLG Düsseldorf, FamRZ 1967, 626, 628.

B. Die Anknüpfung an Staatsangehörigkeit und Domizil

I. Die Staatsangehörigkeit

1. Die Anknüpfung an die Staatsangehörigkeit im deutschen internationalen Privatrecht

Im Rahmen dieser Arbeit sind solche Fälle von Interesse, die zur Anwendung amerikanischen Rechts führen. Einschlägige Abkommen zwischen der Bundesrepublik und den USA gibt es nicht, so daß hier allein Art. 18 und 22 EGBGB maßgebend sind. Da diese Vorschriften unbestritten als allseitige Kollisionsnormen anzuwenden sind[1], wird nach dem Recht des Staates entschieden, dem der angebliche Vater bzw. der Adoptivvater angehört. Ist der Vater Staatsbürger der Vereinigten Staaten, ist folglich nordamerikanisches Recht heranzuziehen. Da es aber für den hier behandelten Bereich kein Bundesrecht gibt, muß die Verweisung auf das amerikanische Recht „konkretisiert" werden. Die Rechtsordnungen der 50 Bundesstaaten, des District of Columbia und der Territorien stehen zur Wahl. Erschwert wird die Rechtswahl dadurch, daß nicht nur das materielle Recht in den USA „räumlich gespalten" ist[2], sondern auch das interlokale Recht[3]. Es gibt kein einheitliches interlokales Recht der Vereinigten Staaten, das auf das anzuwendende materielle Recht eines Einzelstaates verweist.

2. Die Staatsangehörigkeit von US-Bürgern mit amerikanischem Domizil

Da der Anknüpfungsfaktor „Staatsangehörigkeit" allein keinen Aufschluß über das anzuwendende Recht gibt, ist eine Unteranknüpfung zu finden[4].

In der Bundesverfassung ist die Zugehörigkeit eines US-Bürgers zu einem Gliedstaat vorgesehen[5]. Es liegt daher nahe, Staatsangehörigkeit

---

[1] S. u. C IV 1, D IV 1, E IV 1.
[2] Ausdruck von Kegel, Arnold-Festschrift 61 ff.
[3] Klaxon Co. v. Stentor Electric Mfg. Co., 313 U.S. 487 (1941).
[4] Staudinger - Korkisch, Einl. Randz. 89.
[5] US. Const. amend. XIV, § 1: „All persons born or naturalized in the United States, and subject to the jurisdiction thereof, are citizens of the United States and of the State wherein they reside."

I. Die Staatsangehörigkeit

nicht als Bundesstaatsangehörigkeit, sondern als Gliedstaatsangehörigkeit aufzufassen[6].

In der deutschen Rechtsprechung[7] kommt man zu dem gleichen Ergebnis, indem man an den Wohnsitz anknüpft, wobei man den Wohnsitzbegriff nach dem Recht des betreffenden US-Staats qualifiziert. Denn die Zugehörigkeit zu einem Gliedstaat gründet sich nach amerikanischer Ansicht auf das Domizil in diesem Staat[8].

Gegen diese Anknüpfung wendet sich *Kegel*[9], weil die „seelische Bindung" an den Gliedstaat vom einzelnen schwächer als die Bindung an den Gesamtstaat empfunden werde, weil „domicile" nicht in allen Einzelstaaten gleich definiert sei und folglich eine Person auch von zwei Gliedstaaten oder von keinem Gliedstaat als Bürger reklamiert werden könne und weil die Anknüpfung bei einem Domizil außerhalb der USA versage. Stattdessen schlägt Kegel als Unteranknüpfung den gewöhnlichen Aufenthalt analog zu Art. 29 EGBGB vor.

Die von *Kegel* aufgezeigten Mängel der Anknüpfung an die Gliedstaatsangehörigkeit lassen sich beheben. Wird ein Amerikaner tatsächlich von mehreren oder von keinem Gliedstaat als Staatsbürger angesehen, so ist nach den Regeln für Doppelstaater bzw. für Staatenlose zu verfahren. Schwieriger ist der Fall, wenn das Domizil des Betroffenen nicht in Amerika liegt[10]. Aber auch bei Berücksichtigung dieser Schwierigkeiten sprechen gewichtige Gründe für die Anknüpfung an die Gliedstaatsangehörigkeit: Da die Zugehörigkeit zu einem Einzelstaat auf dem Domizil in dem betreffenden Staat beruht, decken sich insoweit im Ergebnis die amerikanischen Kollisionsnormen, die an das Domizil anknüpfen, mit den deutschen Kollisionsnormen, die an die

---

[6] So die Lehre; vgl. z. B. Melchior, § 310; Raape, IPR 150; Neuhaus, Grundbegriffe 214; Firsching, Erbfälle 77 ff.; Knauer, RabelsZ 1960, 320 Fußnote 5.

[7] RGZ 136, 361 ff. = Giur. Comp. D.I.P. 1, 133 ff. mit Anm. von Rheinstein; BGH 27, 47 ff., 51; LG Heidelberg, MDR 1965, 663; OLG Karlsruhe, StAZ 1969, 160 ff. mit Anm. von D. Müller; LG München II, IPRspr. 1952—53 Nr. 304 a, 1954—55 Nr. 215; LG Wiesbaden, IPRspr. 1956—57, Nr. 115; LG Schweinfurth, IPRspr. 1956—57 Nr. 139; LG Heidelberg, IPRspr. 1954—55 Nr. 184; LG Würzburg, IPRspr. 1954—55 Nr. 97; AG Heidenheim, IPRspr. 1954—55 Nr. 177.

[8] Hammerstein v. Lyne, 200 F. 165 (W.D.Mo. 1912); Taormina v. Taormina Corp., 109 A. 2d 400 (Del. Ch. 1954); In re Lando's Estate, 112 Minn. 257, 127 N.W. 1125 (1910); Stearns v. Allen, 183 Mass. 404, 67 N.E. 349 (1903); Note, 21 Nebr. L. Rev. 332; Rabel - Drobnig 144; Reese - Green, Selected Readings 483, 491; Marsh 98; von Mehren - Trautmann 441 n. 12; Domke 95; vgl. die Verweisung auf das Recht der Flagge eines US-Schiffes; hier wird auf das Domizil des Eigentümers des Schiffes abgestellt; Leflar 534 n. 7; Goodrich - Scoles 231.

[9] Kegel, Arnold-Festschrift 61 ff., 73 ff.; Kegel, IPR 158; ihm folgt Börner, StAZ 1956, 43.

[10] S. u. B I 3.

Staatsangehörigkeit anknüpfen. Stellt man auf die Zugehörigkeit zu einem Gliedstaat ab, können die deutschen Kollisionsnormen auch auf Amerikaner angewandt werden, ohne daß auf Hilfskonstruktionen zurückgegriffen werden muß, über die sich schon in Deutschland keine Einigkeit wird erzielen lassen. Es ist daher der Ansicht zu folgen, die auf die Zugehörigkeit zu einem Gliedstaat abstellt.

Die Staatsangehörigkeit kann nur durch den betreffenden Staat selbst geregelt werden. Unter welchen Umständen jemand sein Domizil in einem Einzelstaat begründet und damit Bürger dieses Staates wird, bestimmt sich nach dem Recht dieses Staates[11]. Das Kollisionsrecht des angeblichen Domizilstaates ist folglich heranzuziehen, um festzustellen, ob dort tatsächlich ein Domizil besteht.

3. Die Staatsangehörigkeit von US-Bürgern ohne amerikanisches Domizil

Ist die Anknüpfungsperson Bürger der Vereinigten Staaten, ohne jedoch ein Domizil in Amerika zu haben, entfällt die Gliedstaatsangehörigkeit. Der Betreffende ist dann nicht Bürger eines Einzelstaates[12]. Ein Kollisionsrecht des Bundes für diese Fälle gibt es nicht. Für das hier auftretende Problem, daß die maßgebliche Rechtsordnung nicht festzustellen ist, sind mehrere Unteranknüpfungen denkbar[13]. Es kann allerdings offen bleiben, welche Unteranknüpfung im konkreten Fall zu wählen ist, wenn die in Frage kommenden Rechte im Ergebnis übereinstimmen. Damit ist bei US-amerikanischen Rechten häufig zu rechnen[14].

Unterscheiden sich dagegen die zur Auswahl stehenden Rechtsordnungen, so läßt sich aus dem Blickwinkel des betreffenden Amerikaners die Anwendung des Rechts seines letzten amerikanischen Domizils am ehesten rechtfertigen. Wenn überhaupt eine Beziehung des US-Bürgers zu einem Gliedstaat und dessen Recht besteht, dann nur zu dem Staat, in dem der US-Bürger domiziliert war, bevor er ein ausländisches Domizil erwarb. Das letzte Domizil in den Vereinigten Staaten wird sich auch verhältnismäßig einfach feststellen lassen. Die deutsche Recht-

---

[11] Rabel - Drobnig 156; Neuhaus, Grundbegriffe 75; LG Heidelberg, IPRspr. 1954—55 Nr. 184; RG 126, 353; 136, 363.
[12] Hammerstein v. Lyne, 200 F. 165 (W.D.Mo. 1912); von Mehren - Trautmann 441 n. 12; Rheinstein, Giur. Comp. di D.I.P. 1, 133 ff.; Rabel - Drobnig 145; Parry, 67 Harv. L. Rev. 1187, 1194.
[13] Soergel - Kegel, Randz. 114 ff. vor Art. 7 EG.
[14] Vgl. Wengler, NJW 1959, 128. Bei § 606 b ZPO liegt diese Lösung nahe; so Gräber, FamRZ 1963, 493 f.

I. Die Staatsangehörigkeit

sprechung folgt zu Recht dieser Ansicht[15]. Man darf aber nicht vergessen, daß es sich dabei auch nur um eine Hilfskonstruktion handelt[16].

Die Anknüpfung an das letzte amerikanische Domizil versagt, wenn nie ein amerikanisches Domizil bestand.

Unter Umständen gelingt es, ein amerikanisches „domicile of origin" festzustellen[17]. Es wäre also darauf abzustellen, wo der Vater des Betreffenden zur Zeit der Geburt der Anknüpfungsperson domiziliert war.

Fehlt aber auch ein amerikanisches „domicile of origin", muß ein neuer Weg eingeschlagen werden.

Um überhaupt eine Beziehung zu einer Rechtsordnung innerhalb der USA herzustellen, könnte man die außerhalb der USA domizilierten Amerikaner dem Recht der amerikanischen Bundeshauptstadt unterstellen[18]. *Für* diese Lösung spricht ihre Einfachheit. *Dagegen* spricht, daß diese Rechtswahl willkürlich ist. Wohl steht der District of Columbia unter der Gesetzgebungsgewalt des Kongresses, aber die Reichweite der für die Bundeshauptstadt erlassenen Gesetze ist auf den District beschränkt und erstreckt sich nach amerikanischer Ansicht auf Auslandsamerikaner nur in ganz bestimmten Fällen[19]. Die Anwendung des Rechts des District of Columbia stellt deutlich eine Notlösung dar, zu der man nur greifen sollte, wenn kein anderer Weg verbleibt. Das gleiche gilt für die Analogie zu Art. 29 EGBGB, wie Kegel sie empfiehlt, und für die Anwendung der lex fori[20]. Da die Wahl des Rechts des Aufenthaltsortes besser geeignet ist, eine internationale Entscheidungsharmonie herzustellen, sollte in solchen Fällen Art. 29 EG analog angewandt werden.

Angesichts dieser Schwierigkeiten liegt es nahe, auf *Kegels* Vorschlag[21] zurückzukommen und von vornherein in allen Fällen das Recht des Aufenthaltsortes entscheiden zu lassen. Damit würde aber eine Regelung aufgegeben, die für die meisten Situationen ausreicht. Das Vor-

---

[15] LG Heidelberg, IPRspr. 1954—55 Nr. 184; LG Heidelberg, MDR 1965, 663; BayObLGZ 1958, 34 ff., 38; offengelassen in RGZ 126, 353 f.; Firsching, Erbfälle 83.

[16] So. o. B Fußnote 12; Taormina v. Taormina Corp., 109 A. 2d 400 (Del. Ch. 1954).

[17] In RG 126, 353 f. wurde offengelassen, ob das letzte amerikanische Domizil oder das „domicile of origin" zu wählen ist.

[18] In re Blanchard's Estate, 176 Misc. 796, 29 N.Y.S. 2d 359 (Surr. 1941): *Konsulargericht* in Kairo wendete Recht des D.C. an; das New-Yorker Gericht hielt das für zulässig. Im konkreten Fall deckte sich das Recht von New York mit dem des D.C. Dazu auch Ferid - Firsching, Randnummer 37 c.

[19] S. o. Fußnote 18.

[20] So der Vorschlag von Falconbridge (S. 208).

[21] S. o. B Fußnote 9.

handensein weniger US-Bürger ohne ein amerikanisches Domizil, auch ohne ein amerikanisches „domicile of origin", rechtfertigt nicht ein Abgehen von der bisherigen Praxis[22].

II. Das Domizil

1. Das für die Bestimmung des Domizils maßgebliche Recht

Der Domizilbegriff bestimmt sich nach amerikanischem Recht, nämlich nach dem Recht des US-Staates, in dem das Domizil angeblich liegt. Dies folgt aus der Abhängigkeit der Gliedstaatsangehörigkeit vom Domizil[23].

Gesetzliche Regelung hat der Domizilbegriff nur in geringem Umfang, z. B. im Hinblick auf die Zuständigkeit eines Gerichts für die Ehescheidung, gefunden[24]. Für das vorliegende Thema ist der Domizilbegriff des common law bedeutsam. In den Grundzügen deckt sich das common law der verschiedenen Staaten. Wo es zu einander widersprechenden Entscheidungen kam[25], lag das meist an der abweichenden Wertung eines Sachverhaltes durch die beteiligten Gerichte, die jedoch von den gleichen Grundsätzen ausgingen[26].

Eine andere Frage ist es, ob es für einzelne Bereiche *einer* Rechtsordnung verschiedene Domizilbegriffe gibt[27].

---

[22] Die Seltenheit dieser Fälle ergibt sich aus dem amerikanischen Staatsangehörigkeitsrecht. Danach ist zwar möglich, US-Bürger zu sein, ohne je ein amerikanisches Domizil gehabt zu haben. Aber dann müssen beide Eltern des betreffenden Bürgers die amerikanische Staatsangehörigkeit besitzen. — § 301(a)(3), 66 Stat. 163 (1952), 8 U.S.C. § 1401(a)(7) (Supp. 1953). — Das wird bei im Ausland lebenden Amerikanern oft nicht der Fall sein. Sobald aber ein Elternteil des betreffenden Bürgers Ausländer ist, besteht für den amerikanischen Elternteil ein Residenzerfordernis, um dem Kind die amerikanische Staatsangehörigkeit zu sichern. — § 301(a)(7), 66 Stat. 236 (1952), 8 U.S.C. § 1481(a)(Supp. 1953); Note, 66 Harv. L. Rev. 643, 703 et seq.; z. T. abweichend Ferid, Nachtrag 25. — Dann muß sich also wenigstens ein „domicile of origin" feststellen lassen.

[23] S. o. B Fußnote 11.

[24] S. z. B. für Kalifornien BayObLGZ 1958, 34 ff., 39.

[25] Das bekannteste Beispiel hierfür ist In re Dorrance's Estate, 309 Pa. 151, 163 A. 303 (1932); State of New Jersey v. Pennsylvania, 287 U.S. 580 (1932); In re Dorrance's Estate, 115 N.J.Eq. 268, 170 A. 601 (1934); dazu von Mehren - Trautmann 1246/47.

[26] von Mehren - Trautmann 201 n. 131; Rabel - Drobnig 151.

[27] Henrich, RabelsZ 1960, 456 ff., 480; Ehrenzweig, Treatise 240; Reese, 55 Colum. L. Rev. 589.

II. Das Domizil

2. Der Begriff des Domizils

Nach common law hat jeder Mensch ein Domizil, und er kann nicht mehr als ein Domizil zur gleichen Zeit haben[28].

In Amerika spielt das „domicile of origin", abweichend vom englischen Recht, keine besondere Rolle[29]. Verläßt ein Amerikaner sein bisheriges Domizil, so lebt das „domicile of origin" nicht wieder auf. Der Rückgriff auf das „domicile of origin" würde in den Vereinigten Staaten für Einwanderer zur Anwendung ausländischen Rechts führen, was unerwünscht ist[30]. Der Erwerb eines Domizils setzt physische Anwesenheit und die Absicht, dort seinen Wohnsitz aufzuschlagen, voraus[31]. Es genügt die Absicht, dort auf unbestimmte Zeit leben zu wollen; der Wille, *immer* dort zu bleiben, ist nicht erforderlich[32].

Befindet sich jemand nicht aus freien Stücken an seinem Aufenthaltsort, so erwirbt er grundsätzlich dort kein Domizil[33]. Dies gilt sowohl für Strafgefangene und Patienten von Heilanstalten als auch für Soldaten[34]. Die letztere Gruppe liefert den Großteil der deutsch-amerikanischen Kindschaftsfälle, so daß etwas näher auf diesen Punkt eingegangen werden muß:

Wehrpflichtige, die kaserniert sind, erwerben am Garnisonsort kein Domizil, sondern behalten ihr bisheriges Domizil[35]. In einer Reihe von Staaten werden Militärpersonen kraft Gesetzes als in diesen Staaten domiziliert betrachtet[36]. Aber auch in den übrigen Staaten kann ein Soldat am Garnisonsort sein Domizil begründen. Er darf aber nicht in der Kaserne leben, sondern muß seine Wohnung selbst wählen können[37]. Für die Begründung eines Domizils spricht u. a., wenn die Ange-

---

[28] Reese, Selected Readings 484; Leflar 16; Restatement 2d, Prop. Off. Draft I, § 11.
[29] Rheinstein, 26 Conn. B.J. 48, 61; Henrich, RabelsZ 1960, 456 ff., 477.
[30] Goodrich - Scoles 39; Rabel - Drobnig 163.
[31] Leflar 19; Restatement 2d, Prop. Off. Draft I, § 18: „To acquire a domicil of choice in a place, a person must intend to make that place his home for the time at least."
[32] von Mehren - Trautmann 201; Goodrich - Scoles 43/44; Restatement 2d, Prop. Off. Draft I, § 18, s. o. Fußnote 31; für Geisteskranke vgl. Röder, NJW 1970, 990 f.
[33] Restatement 2d, Prop. Off. Draft I, § 17: „A person does not acquire a domicil of choice by his presence in a place under physical or legal compulsion."
[34] Goodrich - Scoles 45/46.
[35] Goodrich - Scoles 46 n. 94 mit Hinweisen auf die Rechtsprechung; Leflar 21 n. 20; Hammerstein v. Hammerstein, 269 S.W. 2d 591 (1954); Annot., 21 A.L.R. 2d 1163; 3 A.L.R. 2d Later Case Service 409.
[36] Nachweise bei Cheatham - Griswold - Reese - Rosenberg 42 n. 4.
[37] Goodrich - Scoles 46 n. 94; Leflar 21 n. 21; vgl. LG Kaiserslautern, IPRspr. 60—61 Nr. 183.

hörigen des Soldaten mit ihm die Wohnung teilen[38]. Die Tatsache, daß Soldaten versetzt werden können, steht der Begründung eines Domizils am Dienstort nicht entgegen[39].

3. Das Domizil der verheirateten Frau

Das Domizil der verheirateten Frau folgt im Regelfall dem Domizil des Ehemannes[40]. Im Gegensatz zum englischen Recht[41] können aber verheiratete Frauen in bestimmten Situationen ein eigenes Domizil haben[42]. Sobald die Frau berechtigt ist, auf Scheidung zu klagen, kann sie ein eigenes Domizil begründen[43]. Mittlerweile verzichtet man verschiedentlich schon auf das Erfordernis des Rechts zum Getrenntleben und stellt nur auf die Tatsache der getrennten Lebensführung ab[44].

4. Das Domizil des minderjährigen Kindes

Das Domizil eines ehelichen minderjährigen — also noch nicht 21 Jahre alten[45] Kindes stimmt mit dem Domizil des Vaters überein, unabhängig davon, ob das Kind tatsächlich beim Vater lebt[46].

Das uneheliche Kind teilt das Domizil der Mutter[47]. Ein Kind geschiedener Eltern hat sein Domizil bei dem sorgeberechtigten Elternteil[48]. Ein Waisenkind leitet sein Domizil von dem des Vormunds ab[49].

Der Trend geht dahin, das rechtliche Domizil eines Kindes in Übereinstimmung mit dem tatsächlichen Aufenthaltsort zu bringen, um zu vermeiden, daß das Domizil eines Kindes in einem Staat liegt, in dem das Kind nie war, und daß das Kind unter einem Domizilrecht lebt, das

---

[38] Goodrich - Scoles 46 n. 94; s. z. B. LG Stuttgart NJW 1969, 385.
[39] Leflar 22 n. 22; s. o. B Fußnote 32.
[40] Goodrich - Scoles 49/50; Restatement 2d, Prop. Off. Draft I, § 21; vgl. LG Stuttgart, RabelsZ 1954, 152 ff.
[41] Dicey - Morris 107; ebenso einige amerikanische Entscheidungen, s. z. B. Brown v. Brown, 112 N.J.Eq. 600, 165 A. 643 (1933).
[42] Goodrich - Scoles 51/52.
[43] Torlonia v. Torlonia, 108 Conn. 292, 142 A. 843 (1928).
[44] Nachweise bei Leflar 23; ebenso Restatement 2d, Prop. Off. Draft I, § 21, Comment d.
[45] Foote - Levy - Sander 302.
[46] Goodrich - Scoles 53/54; Leflar 23.
[47] Goodrich - Scoles 56; Leflar 24 n. 3 mit weiteren Nachweisen; s. z. B. BayObLG 1965, 245 ff. (Ohio).
[48] Note, 53 Harv. L. Rev. 1024/25.
[49] Leflar 24.

ihm völlig fremd ist[50]. Das bedeutet, daß das Domizil des Vaters zugunsten des Domizils der Person zurücktritt, mit der das Kind tatsächlich zusammenlebt[51].

---

[50] S. z. B.: Pieretti v. Pieretti, 13 N.J. Misc. 98, 176 A. 589 (Ch. 1935): Das Kind hatte immer in Italien gelebt und nie sein Domizil, New Jersey, gesehen.
[51] Restatement 2d, Prop. Off. Draft I, § 22(1): „A minor has the same domicil as the parent with whom he lives."

C. Die eheliche Abstammung

I. Das interne amerikanische Recht

1. Die eheliche Abstammung

Nach amerikanischem Recht, das hier dem englischen common law folgt, ist ein Kind ehelich, das während des Bestehens der Ehe seiner Eltern gezeugt oder geboren wurde[1]. Vom deutschen Recht unterscheidet sich das amerikanische hinsichtlich der Berechnung der Empfängniszeit und hinsichtlich der Beiwohnungs- und Vaterschaftsvermutungen[2].

Ist bei zwei kurz aufeinanderfolgenden Ehen einer Frau unklar, ob ihr Kind ein eheliches Kind des ersten oder des zweiten Mannes ist, gilt nach den meisten amerikanischen Rechten das Kind als eheliches Kind des zweiten Mannes[3].

Wann man vom Bestehen der Ehe der Eltern ausgehen kann, ist unterschiedlich geregelt. Grundsätzlich fallen fehlerhafte Ehen in die Gruppe der nichtigen („void") und in die Gruppe der anfechtbaren („voidable") Ehen[4]. Aus welchen Gründen eine Ehe zu der einen oder der anderen Kategorie gehört, differiert von Staat zu Staat[5]. Weiterhin wird von dem Recht der einzelnen Staaten das Problem, ob die Kinder aus „void" oder „voidable" Ehen als ehelich gelten, verschieden gelöst[6]. Das common law erkannte jedenfalls die Ehelichkeit der Kinder aus „voidable" Ehen an; Kinder aus „void" Ehen waren hingegen un-

---

[1] Blackstone 445; Annot. 57 A.L.R. 2d 729; In re Paterson's Estate, 34 Cal. App. 2d 305, 93 P. 2d 825 (1939); Cal. Civ. Code § 193: „All children born in wedlock are presumed to be legitimate." § 194: „All children of a woman who has been married, born within ten months after the dissolution of the marriage, are presumed to be legitimate children of that marriage" (nach Goldstein - Katz 837).

[2] Vgl. Selected Essays 368; Gutermuth 20 ff.

[3] Annot., 57 A.L.R. 2d 729, 779 et seq.; Gutermuth 28.

[4] Spieß 17 ff.; Selected Essays 274.

[5] Annot., 84 A.L.R. 499; s. New York Domestic Relations Law § 145.

[6] Spieß 119 f.

ehelich[7]. Heute geht die Tendenz dahin, beiden Gruppen von Kindern durch Gesetz den Status der Ehelichkeit zu geben[8].

Ein durch künstliche Samenübertragung gezeugtes Kind ist unehelich, wenn feststeht, daß der Spender des Samens nicht der Ehemann der Mutter war[9]. Das Einverständnis des Ehemanns zu der Übertragung ist dabei belanglos, obwohl es u. U. den Ehemann selbst an der Geltendmachung der Unehelichkeit hindern kann; die Anfechtung der Ehelichkeit durch den Ehemann stünde im Widerspruch zu seinem früheren Einverständnis (equitable estoppel)[10].

2. Die Anfechtung der Ehelichkeit

Die Anfechtung der Ehelichkeit ist in den Vereinigten Staaten anders als in Deutschland geregelt. Eine Anfechtung der Ehelichkeit im Gegensatz zu der Geltendmachung der Unehelichkeit gibt es im amerikanischen Recht nicht[11]. In Amerika geht es zwar auch um die Widerlegung der Ehelichkeitsvermutung, aber dort ist grundsätzlich jeder, der ein Interesse daran hat, dazu berechtigt[12]. Einschränkungen dieses Grundsatzes ergeben sich daraus, daß bestimmte Personen, vor allem die Mutter des Kindes, die Unehelichkeit nicht geltend machen dürfen. Darüber hinaus sind meist die Eltern des Kindes nicht als Zeugen für das Vor-

---

[7] Thomann's Estate, 258 N.Y.S. 838 (1932); Mason v. Tillinghast, 26 F. 2d 588 (U.S. 1928).

[8] Krause, 44 Tex. L. Rev. 829, 842 n. 21; Taintor, Selected Readings 856; Cal. Civ. Code § 84: „A judgment of nullity of marriage does not affect the legitimacy of children conceived or born before the judgment ..."
§ 85: „The issue of a marriage which is void or annulled or dissolved by divorce is legitimate" (nach Goldstein - Katz 840); Del. Code Ann. Title 13 (Supp. 1964) § 105: „Children of void or voidable marriages shall be deemed to be legitimate" (nach Foote - Levy - Sander 194).

[9] Clad - Halstead - Crocker 67; Weinberger, 35 Ind. L. J. 143, 148; Tallin, 34 Can. B. Rev. 166; Petz, 34 U. Det. L. J. 404, 422; Radler, 39 Marq. L. Rev. 146, 151; Doornbos v. Doornbos, Super. Ct. Cook Co., Ill., Dec. 13, 1954, Gorman, J. (unveröffentlicht), Bericht in 41 A.B. A.J. 263; Gursky v. Gursky, 39 Misc. 2d 1083, 242 N.Y.S. 2d 406 (Sup. Ct. 1963); Strnad v. Strnad, 190 Misc. 786, 78 N.Y.S. 2d 390 (Sup. Ct. 1948), eine in sich sehr widersprüchliche Entscheidung; vgl. Dölle, Rabel-Festschrift 187 ff.

[10] Gursky v. Gursky, s. o. Fußnote 9; Strnad v. Strnad, s. o. Fußnote 9; in diesem Fall wurde das Einverständnis des Ehemannes sowohl als Grundlage einer Legitimation als auch als Grundlage einer Adoption angesehen; dazu auch Dölle, Rabel-Festschrift 205 f.; People v. Sorensen, 66 Cal. Rptr. 7, 437 P. 2d 495 (1968). S. zu dem Begriff „equitable estoppel" Snell - Megarry - Baker 625, 627.

[11] Vgl. für England Guttman, 5 Int'l & Comp. L. Q. 217, 220.

[12] Annot., 53 A.L.R. 2d 573 n. 3. „One must have a present substantial interest of a pecuniary nature." Gutermuth 53 ff. Vgl. für England Wolff, Private International Law 383.

liegen eines Anfechtungsgrunds zugelassen[13]. In einigen Staaten ist auch der Kreis der Anfechtungsberechtigten eng gefaßt: So können z. B. in Kalifornien nur die Eltern und ihre Abkömmlinge, einschließlich des betroffenen Kindes selbst, die Ehelichkeit anfechten[14]. In Texas, Louisiana und Florida hat sogar nur der Ehemann der Mutter das Recht der Ehelichkeitsanfechtung[15].

Louisiana ist der einzige Staat, in dem man eine bestimmte Anfechtungsfrist kennt[16], in den übrigen Staaten ist es jederzeit möglich, die Unehelichkeit einer Person geltend zu machen, sogar noch Jahre nach ihrem Tod.

Es gibt kein besonderes Anfechtungsverfahren. Die Ehelichkeit eines Kindes kann in jedem Prozeß inzidenter geprüft werden[17]. Die Rechtskraft des Urteils erstreckt sich nur auf die Parteien und ihre Rechtsnachfolger („privies")[18]. Eine dem Statusurteil ähnliche Wirkung wird durch ein Feststellungsurteil erreicht, wenn alle Personen, die durch das Urteil irgendwie betroffen sein könnten, in dem Verfahren vertreten sind[19]. Die für die Anfechtung der Ehelichkeit zulässigen Beweismittel sind beschränkt; die Ehegatten dürfen z. B. nicht zur Frage der Beiwohnung gehört werden[20].

---

[13] Annot. 53 A.L.R. 2d 572; Sonnenberger, FamRZ 1964, 238, 239, Gutermuth 89 ff.
[14] Annot., 53 A.L.R. 2d 572; Winsette v. Winsette, 47 Cal. App. 2d 308, 117 P. 2d 897 (1941) zu Cal. Civ. Code § 195.
[15] Annot. 53 A.L.R. 2d 577.
[16] Barth's Succession, 178 La. 847, 152 So. 543, 91 A.L.R. 408 (1934); Walker v. Jarnevich, 102 So. 2d 770 (La. Ct. App.); Annot., 53 A.L.R. 2d 572, Gutermuth 59.
[17] Dölle, Familienrecht 77; AG Stolberg, IPRspr. 1964—65 Nr. 116 (N.Y.) vgl. für England OLG Hamm, FamRZ 1965, 90.
[18] Restatement of the Law of Judgments § 77; Fleming 584; Ferid, StAZ 1953, 50 f.; Gutermuth 76, 82; s. u. Fußnote 19.
[19] Uniform Declaratory Judgments Act § 11: „When declaratory relief is sought, all persons shall be made parties who have or claim any interest which would be affected by the declaration, and no declaration shall prejudice the rights of persons not parties to the proceeding..."
Dieses Einheitsgesetz wurde von der Mehrheit der US-Staaten übernommen: s. Annot., 71 A.L.R. 2d 723. § 11 dieses Gesetzes ist auch für die Feststellung der Ehelichkeit anwendbar; Miller v. Currie, 208 Wis. 199, 242 N.W. 570 (1932). Von dieser Möglichkeit wird aber offenbar selten oder nie Gebrauch gemacht; s. Annot., 71 A.L.R. 2d 723 (§ 16).
[20] Lord Mansfield's Rule, Goodright v. Moss, 2 Cowp. 591, 98 Eng. Rep. 1257 (1777); dazu Selected Essays 386 n. 6; Kowalski v. Wojtkowski, 19 N.J. 247, 116 A. 2d 6 (1955).

3. Das nichteheliche Kind

Nichteheliche Kinder sind im Verhältnis zur Mutter in den common-law-Staaten den ehelichen Kindern rechtlich gleichgestellt[21]. In Louisiana und Puerto Rico ist daneben ein Anerkenntnis des Kindes durch die Mutter erforderlich[22].

Im Verhältnis zum Vater dagegen wirkt noch der Gedanke, daß ein nichteheliches Kind „filius nullius" sei[23]. Immerhin ist der Vater heute in fast allen Staaten zum Unterhalt des nichtehelichen Kindes verpflichtet[24]. Gelegentlich ist das nichteheliche Kind auch gesetzlicher Erbe seines Vaters[25]. Die Gerichte führen in zunehmendem Maße eine rechtliche Gleichstellung der nichtehelichen mit den ehelichen unter Berufung auf die „equal protection clause" herbei[26].

II. Das amerikanische Kollisionsrecht

1. Der Ausgangspunkt

Die Bestimmungen über Empfängniszeit, Vaterschaftsvermutung und Ehelichkeitsanfechtung weichen innerhalb der Vereinigten Staaten voneinander ab. Trotz der grundsätzlichen Übereinstimmung der verschiedenen Rechtsordnungen kann es daher von erheblicher Bedeutung sein, nach welchem Recht die Ehelichkeit eines Kindes bestimmt wird[27].

Die Mitwirkung einer Behörde oder eines Gerichts spielt bei dieser Frage keine Rolle, abgesehen von der Trauung der Eltern. Anders als z. B. bei der Adoption oder der Legitimation durch Ehelichkeitserklärung genügt zur Feststellung der Ehelichkeit kraft ehelicher Geburt, daß bestimmte Tatbestandsmerkmale vorliegen, ohne daß ein Gericht dazu konstitutiv beitragen muß. Folglich kommt es in diesem Zusammenhang nicht auf die internationale oder interlokale Zuständigkeit

---

[21] Krause, 36 U. Chi. L. Rev. 338, 354; Ehrenzweig, Treatise 390; Cal. Prob. Code § 255 (Text s. u. D Fußnote 27).

[22] Krause, 36 U. Chi. L. Rev. 338, 346 n. 31; La. Civ. Code Ann. arts. 203, 242 (1) (West 1952).

[23] Blackstone 459.

[24] Krause, 36 U. Chi. L. Rev. 338, 353; nach common law war der Vater nicht zum Unterhalt des unehelichen Kindes verpflichtet. S. Madden 348; Goldstein - Katz 1094; Schauer, J., In re Lund's Estate, 26 Cal. 2d 472, 159 P. 2d 643 (1945). Eine Unterhaltsverpflichtung besteht heute noch nicht in Texas und Idaho, s. Krause, 15 Am. J. Comp. L. 726 n. 3.

[25] Taintor, Selected Readings 853; Note, 69 Mich. L. Rev. 112.

[26] U.S. Const. amend. XIV, § 1; Krause, FamRZ 1969, 304 ff.; Krause, 36 U. Chi. L. Rev. 338; von Hippel, FamRZ 1969, 74.

[27] Kowalski v. Wojtkowski, 19 N.J. 247, 116 A. 2d 6, 53 A.L.R. 2d 556 (1955).

eines Staates („judicial jurisdiction") an[28]. In der amerikanischen Praxis ist die Ehelichkeit einer Person regelmäßig im Zusammenhang mit erbrechtlichen Auseinandersetzungen umstritten[29]. Das zuständige Gericht wird dann nach den allgemeinen Grundsätzen bestimmt. Gesetzt den Fall, der Nachlaß bestehe aus Grundstücken, dann ist aufgrund der Belegenheit der Sache das zuständige Gericht festzustellen[30]. Dasselbe Gericht befindet dann auch über die Ehelichkeit des Erbprätendenden, ohne daß eine besondere Zuständigkeit für Statusfragen bestünde oder dadurch begründet würde.

Selbst die Anfechtung der Ehelichkeit schafft keine besonderen Zuständigkeitsprobleme. Unterliegt das betreffende Kind der Gerichtshoheit des Staates A — was sich wiederum nach allgemeinen Grundsätzen beurteilt[31] — dann kann auch vor einem Gericht des Staates A die Unehelichkeit des Kindes geltend gemacht werden.

Das kollisionsrechtliche Problem in bezug auf die eheliche Abstammung beschränkt sich also darauf, die Rechtsordnung zu finden, nach der die eheliche Abstammung zu beurteilen ist[32].

2. Die Lösungen

Gesetzliche Kollisionsnormen sind hierzu nicht vorhanden. Deshalb sind allein Gerichtsentscheidungen auf diesem Gebiet maßgebend. Die meisten Urteile betreffen interlokalrechtliche Sachverhalte; diese Rechtsprechung läßt sich aber auch im internationalprivatrechtlichen Bereich anwenden. Weder Verfassungsrecht noch rechtspolitische Gründe bedingen hier eine Abweichung des interlokalen vom internationalen Privatrecht[33].

a) lex fori

Über die eheliche Abstammung kann nicht die lex fori entscheiden, da sich sonst der Status einer Person mit dem Wechsel des damit befaßten Gerichts ändern würde[34]. Die Entscheidung eines Rechtsstreits ließe sich durch die Wahl des Gerichts beeinflussen („forum shopping").

---

[28] S. dazu Hanisch, NJW 1966, 2085 ff.; vgl. Heldrich 98 ff.
[29] Ester, 36 Ind. L. J. 163, 164; Stumberg 335.
[30] Restatement § 101.
[31] Dazu Ehrenzweig, Treatise 35 et. seq.; Leflar 33 et seq.
[32] Rabel - Drobnig 601; Taintor, Selected Readings 846; Goodrich - Scoles 282; Ehrenzweig, Treatise 391.
[33] Vgl. zu der Frage, worin sich das interlokale vom internationalen Privatrecht der US-Staaten unterscheidet Ehrenzweig, 113 U. Pa. L. Rev. 1230, 1233; Ehrenzweig, Private International Law 21/22; Scoles, 54 Cal. L. Rev. 1599; Hay, RabelsZ 1971, 429 ff.
[34] Moore v. Saxton, 90 Conn. 164, 96 A. 960 (1916); so auch schon Savigny 129.

b) Recht des Geburtsortes

Dagegen bietet der Geburtsort des Kindes einen festen Anknüpfungspunkt. Aber diese Lösung wird, wenn überhaupt erwähnt, abgelehnt[35], vor allem wohl deshalb, weil der Geburtsort selbst sehr zufällig sein kann. Man denke nur an den Fall, daß ein Kind während einer Reise der Mutter zur Welt kommt.

c) lex domicilii

Die amerikanischen Gerichte wählen traditionell einen anderen Anknüpfungspunkt. Ausgehend davon, daß ein Staat kraft der Personalhoheit für seine Bürger Recht setzt und kraft der Personalhoheit in der Lage ist, dieses Recht durchzusetzen, soll sich der Personenstand eines Menschen ausschließlich nach dem Recht des Wohnsitzstaates richten: Der persönliche Status unterliegt der lex domicilii[36].

3. Die eheliche Abstammung vom Muttergatten

Betrachtet man das Verhältnis Vater - Kind, so betrifft die eheliche Kindschaft nicht nur den Status des Kindes, sondern auch den des Vaters. Haben Vater und Kind kein gemeinsames Domizil, genügt der Grundsatz, daß Statusangelegenheiten vom Recht des Domizils entschieden werden, für sich allein nicht. In Betracht käme die Wahl eines der beiden fraglichen Domizilrechte oder die kumulative Anwendung beider Rechte. Letztere Alternative, die im Ergebnis auf das Recht mit den höheren Anforderungen abstellt, findet in Rechtsprechung und Schrifttum keine Unterstützung. Nach einhelliger Ansicht ist allein das Personalstatut des Vaters maßgebend[37], d. h. das Personalstatut des als Vater in Anspruch genommenen Mannes[38]. Dieser Ansicht liegt folgende Überlegung zugrunde[39]:

Die Ehelichkeit eines Kindes schafft vor allem für den Vater Pflichten, z. B. die Pflicht, für den Unterhalt des Kindes aufzukommen. Ein

---

[35] Guttman, 8 Int'l & Comp. L.Q. 678, 680.
[36] Stumberg 16, 279; Stumberg, 8 U. Chi. L. Rev. 42; Rabel - Drobnig 115 et seq., 601; Taintor, Selected Readings 846; Goodrich - Scoles 282; Ehrenzweig, Treatise 391.
[37] Moore v. Saxton, 90 Conn. 164, 96 A. 960 (1916); Green v. Kelley, 228 Mass. 602, 118 N.E. 235 (1918); Kowalski v. Wojtkowski, 19 N.J. 247, 116 A. 2d 6, 53 A.L.R. 2d 556 (1955); Beale, 1 U. Chi. L. Rev. 13, 16; Goodrich - Scoles 282; Restatement 2d, Tent. Draft No. 4, § 137; Annot., 87 A.L.R. 2d 1274 (1963).
[38] S. u. C II 4 zum Begriff des „Vaters".
[39] Vgl. zum folgenden für die Legitimation: Leflar 583; von Mehren - Trautmann 205/06.

Bürger kann mit einer Pflicht nur von dem Staat belastet werden, dem der betreffende Bürger angehört.

Das Domizilrecht des Vaters soll daneben auch diesen vor unberechtigten Forderungen schützen. Daß das Personalstatut des Vaters keineswegs den Vater von vornherein besser gegenüber Ansprüchen angeblicher ehelicher Kinder schützt als das Personalstatut des Kindes, ist allerdings selbstverständlich, und dennoch spielt dieser Gedanke eine Rolle.

Aus der Sicht des Kindes wird die Ehelichkeit als vorteilhaft angesehen, so daß keine Veranlassung besteht, auf die Anwendung seines Domizilrechts zu dringen[40]. Abgesehen von dem irrigen Ausgangspunkt, daß das Domizilrecht des Kindes notwendig das Kind besser schützt als das Domizilrecht des Vaters, ist die Argumentation auch deshalb nicht überzeugend, weil die eheliche Abstammung keineswegs immer für das Kind vorteilhaft ist; dazu folgendes Beispiel: Eine verheiratete Frau bringt ein Kind zur Welt, dessen Vater nicht der Ehemann der Frau ist. Nach Scheidung von dem — ersten — Ehemann heiratet die Mutter den Vater des Kindes. Hier liegt dem Kind sicher wenig an der ehelichen Abstammung vom ersten Ehemann der Mutter[41]. Dasselbe gilt, wenn der potentielle Vater aus anderen Gründen unerwünscht ist, z. B. weil er ein Verbrecher ist. Daß man nicht auf das Domizil des Kindes abstellt, hat aber dennoch einen überzeugenden Grund: Das Kind hat nach amerikanischem Recht nicht ein selbständiges, sondern ein abgeleitetes Domizil[42]. Leben Vater und Mutter des Kindes in verschiedenen Gliedstaaten der USA, kann das Domizil des Kindes nicht festgestellt werden, bevor nicht sein Status geklärt ist[43]. Deshalb ist dem Grundsatz beizupflichten, daß sich der Status des Kindes nach dem Domizilrecht des Vaters richtet.

Das Domizil des Vaters und damit das an sich anwendbare Recht können sich ändern. Aber es liegt sowohl im Interesse des Kindes als auch der Öffentlichkeit, daß der Status einer Person solchen Änderungen nicht unterliegt, da die Ehelichkeit als Vorfrage für die Rechte und Pflichten des Kindes von wesentlicher Bedeutung ist. Diesem Gedanken widerspräche es, wollte man auf das jeweilige Domizil des Vaters abstellen. Damit wäre dem Vater nur die Möglichkeit gegeben, die Rechtsstellung des Kindes durch willkürliche Domizilverlegung zu ändern. Folglich ist auf das Domizil des Vaters zur Zeit der Geburt

---

[40] S. o. Fußnote 39.
[41] Lauterbach - H. Müller, Kindschaftsrecht 49.
[42] S. o. B II 4.
[43] Kowalski v. Wojtkowski, s. o. C Fußnote 38; Taintor, Selected Readings 849; Welsh, 63 L.Q. Rev. 65, 69; Neuhaus, Grundbegriffe 95.

des Kindes abzustellen. Es sind natürlich auch hier Manipulationen von seiten des Vaters nicht auszuschließen. Immerhin sind die Anforderungen für die Begründung eines neuen Domizils derart, daß ein Mißbrauch zu Ungunsten des Kindes unwahrscheinlich ist.

Im Verhältnis Vater - Kind beantwortet sich also die Frage nach der Ehelichkeit des Kindes nach dem Recht des Domizils, das der Vater zur Zeit der Geburt des Kindes hat. Verneint dieses Recht die Ehelichkeit des Kindes, und scheidet die Möglichkeit aus, die Ehelichkeit des Kindes nach dem Personalstatut eines anderen Mannes festzustellen, so ist das Kind nichtehelich.

Falls nach amerikanischer Ansicht das Domizil des Vaters bei der Geburt des Kindes in Deutschland liegt, verweist das amerikanische Recht auf das deutsche Recht.

4. Die Bestimmung des Muttergatten

Wenn bisher einfach vom „Vater" die Rede war, so sollte damit der Ehemann der Mutter angesprochen werden. Um auf das Heimatrecht des Muttergatten abstellen zu können, ist dessen Identität festzustellen, d. h. es ist insbesondere zu prüfen, ob die Ehe der Mutter mit dem potentiellen Vater gültig ist.

Grundsätzlich herrscht nach amerikanischem Kollisionsrecht die lex loci celebrationis über die Gültigkeit der Ehe[44]. Insoweit unterscheidet sich die Eheschließung nicht von anderen Verträgen, die grundsätzlich der lex loci actus unterstehen[45]. Da die Form und vor allem die materiellen Voraussetzungen der Eheschließung, einschließlich der persönlichen Voraussetzungen, nach der lex loci celebrationis beurteilt werden, kann das strenge Heimatrecht leicht durch die Eheschließung in einem Nachbarstaat mit weniger strengen Anforderungen umgangen werden. Kehren die Eheleute im Anschluß an die ausländische Eheschließung in ihren bisherigen Domizilstaat zurück, ist dessen ordre public eventuell tangiert[46]. Neben der lex loci celebrationis ist also das Recht des ehelichen Domizils zu beachten, wenn dies mit dem bisherigen Domizil zumindest eines Ehegatten identisch ist. Das Restatement 2d sieht sogar das Domizilrecht als maßgeblich an, räumt aber dabei

---

[44] Leflar 533; Spieß 45 Fußnote 1; Holt, RabelsZ 1956, 21 ff.
[45] Restatement § 332: „The law of the place of contracting determines the validity and effect of a promise with respect to..."
Vgl. Norman v. Norman, 54 P. 143 (Cal. 1898).
[46] Leflar, 1969/70 Annual Survey of American Law 22; zum ordre public (public policy) s. Paulsen - Sovern, 56 Colum. L. Rev. 969; Leflar 535 et seq.; s. C Fußnote 59.

ein, daß dessen Kollisionsrecht immer auf die lex loci celebrationis verweist[47].

Das Domizilrecht wird in einigen Staaten ausdrücklich mittels des „Uniform Marriage Evasion Act" oder ähnlicher Vorschriften durchgesetzt[48].

Daß eine Ehe aufgrund des ordre public des Forumstaates, in dem weder die Ehe geschlossen wurde, noch das Domizil eines Ehegatten liegt, für ungültig erklärt wurde, ist anscheinend noch nicht vorgekommen[49].

5. Die eheliche Abstammung von der Mutter

Im Gegensatz zum deutschen Kollisionsrecht (Art. 18 EG) gilt in den Vereinigten Staaten für die eheliche Abstammung im Verhältnis Mutter - Kind nicht das Heimatrecht des Vaters. Der oben dargelegte Grundsatz, daß nur das Domizilrecht der betroffenen Person über ihren Status mit den dazugehörigen Verpflichtungen entscheiden kann, führt im Verhältnis Mutter - Kind zur Anwendung des Domizilrechts der Mutter[50]. Abgestellt wird dabei ebenfalls auf das Domizil zur Zeit der Geburt des Kindes.

6. Der relative Status eines Kindes

Die Beurteilung der Ehelichkeit des Kindes im Verhältnis zum Vater nach dessen Domizilrecht und im Verhältnis zur Mutter nach deren Domizilrecht schafft in den meisten Fällen keine Schwierigkeiten, da die verheiratete Frau in der Regel das Domizil des Ehemannes in rechtlicher und auch in tatsächlicher Hinsicht teilt[51]. Die eheliche Abstammung des Kindes bemißt sich dann nur nach *einer* Rechtsordnung, nämlich dem Personalstatut des Vaters, das mit dem der Mutter normalerweise identisch ist.

---

[47] Restatement 2d, Tent. Draft No. 4, § 132 (p. 94!).

[48] Holt, RabelsZ 1956, 21, 27; Spieß 47 mit Nachweisen; Uniform Marriage Evasion Act (Text bei Staudinger - Firsching, Art. 11 Randz. 150); dieser Entwurf wurde 1943 von seinen Autoren zurückgezogen. Er hat Gesetzeskraft in Louisiana, Illinois, Massachusetts, Vermont und Wisconsin. Ähnliche Gesetze kennen North Dakota, District of Columbia, Indiana, Maine, Mississippi, Virginia und West Virginia.

[49] Cheatham - Griswold - Reese - Rosenberg 842 n. 1.

[50] Beale 705; Taintor, Selected Readings 846; Cheatham - Griswold - Reese - Rosenberg 898; Restatement 2d, Tent. Draft No. 4, §§ 137, 138; Guttman, 8 Int'l & Comp. L.Q. 687, 688, hält dies dagegen für „unthinkable", weil dafür ein eigenes Domizil der Ehefrau erforderlich ist; dies fehlt im englischen Recht.

[51] Taintor, Selected Readings 850.

Anders verhält es sich, wenn Vater und Mutter getrennt, und zwar in verschiedenen US-Staaten, leben. Dann sind tatsächlich zwei Rechtsordnungen heranzuziehen, um die Ehelichkeit des Kindes im Verhältnis zu beiden Elternteilen zu klären. Folglich ist es möglich, daß das Kind im Verhältnis zu dem einen Elternteil ehelich, im Verhältnis zu dem anderen Elternteil unehelich ist[52]. Zu diesem Ergebnis kann man sogar kommen, wenn alle wesentlichen Anknüpfungspunkte innerhalb eines Staates liegen, nämlich dann, wenn das Kind aus einer fehlerhaften Ehe nur hinsichtlich *des* Elternteils als ehelich gilt, der gutgläubig die Ehe schloß[53].

Der Status des Kindes ist damit relativ[54], d. h. abhängig von der Bezugsperson und deren Personalstatut. Ebenso wie ein hinkender Status[55] beruht der relative Status auf der abweichenden Beurteilung desselben Sachverhalts durch die beteiligten Rechtsordnungen; im Gegensatz zum hinkenden Status wirkt sich aber der relative Status innerhalb einer Rechtsordnung aus: entweder aufgrund ihrer Kollisionsnormen, die auf verschiedene Rechte verweisen oder gar aufgrund ihrer internen Vorschriften, die auf die Gutgläubigkeit der Eltern hinsichtlich der Eheschließung oder auf ähnliches abstellen.

Das Problem, wie zu verfahren ist, wenn die Domizilrechte der beiden Elternteile die Ehelichkeit des Kindes unterschiedlich beurteilen, ist ohne praktische Bedeutung. *Taintor*[56] stellte 1940 fest, daß diese Frage noch in keinem Fall entschieden werden mußte. Es sind auch keine derartigen Fälle jüngeren Datums bekannt geworden. Denn meist haben Vater und Mutter dasselbe Domizil im Zeitpunkt der Geburt des Kindes. Selbst bei nichtiger Ehe, die für die Ehefrau nicht ein vom Domizil des Ehemannes abgeleitetes Domizil begründet[57], leben die Ehegatten doch tatsächlich zusammen, so daß die Mutter aus diesem Grund das gleiche — selbständige — Domizil wie der Vater hat. In den Fällen, wo die Eltern in der Tat ein unterschiedliches Domizil haben, decken sich aber doch meistens die materiell-rechtlichen Vorschriften der maßgebenden Rechtsordnungen. Sollte wirklich der Fall eintreten,

---

[52] Dazu vor allem Taintor, Selected Readings 848 et seq.
[53] Restatement § 137, comment c; in Massachusetts ist das Kind im Verhältnis zu dem Elternteil einer fehlerhaften Ehe ehelich, der durch die Eheschließung nicht gegen ein Gesetz verstieß. In Louisiana kommt es auf die Gutgläubigkeit des Elternteils hinsichtlich des Mangels an. Dazu Annot., 84 A.L.R. 503; Glass v. Glass, 114 Mass. 563 (1874).
[54] Graveson 134/35, spricht von einem „relational status", ohne aber auf das amerikanische Recht einzugehen.
[55] Dazu z. B. Neuhaus, Grundbegriffe 253 ff.
[56] Taintor, Selected Readings 845.
[57] Restatement § 27, illustration d.

daß die Heimatrechte der Eltern voneinander abweichen, so daß tatsächlich der Status des Kindes relativ ist, ergäben sich hinsichtlich der Wirkungen des Status unlösbare Schwierigkeiten. Hier könnte nur die Entscheidung für eine der beiden Möglichkeiten helfen. Im Interesse des Kindes sollte man im Regelfall von dessen Ehelichkeit ausgehen[58].

7. „Public policy"

Von der üblichen Wahl des Heimatrechts des betroffenen Elternteils wird dann zugunsten der lex fori abgewichen, wenn das an sich berufene Recht der „public policy" des Forums widerspricht.

„Public policy" ist das amerikanische Gegenstück zum ordre public im deutschen internationalen Privatrecht[59].

Da die Anschauungen in bezug auf Ehelichkeit innerhalb der Vereinigten Staaten weitgehend übereinstimmen, ist ein Eingreifen der „public policy" auf diesem Gebiet unwahrscheinlich. Möglich ist ein solcher Fall allerdings in Verbindung mit einer hinkenden Ehe. Musterfall einer hinkenden Ehe in den USA war früher eine rassische Mischehe. Aber selbst in Louisiana wurde hinsichtlich der Ehewirkungen — Erbrecht des durch eine Mischehe legitimierten Kindes — eine auf Kuba geschlossene Mischehe als wirksam anerkannt[60]. Nach der Loving-Entscheidung des Supreme Court[61] ist diese Problematik jetzt ohnehin überholt[62].

Ein anderer Fall hinkender Ehen in den Vereinigten Staaten beruht auf den unterschiedlichen Verboten der Ehen von nahen Verwandten und Verschwägerten[63]. Heute sind diese Ehen selbst in den konservativ eingestellten Staaten nicht so anstößig wie z. B. im kanonischen Recht[64].

---

[58] Taintor, Selected Readings 845; Scoles - Weintraub 360; Ehrenzweig, 29 U. Chi. L. Rev. 498, 503; vgl. „rule of validation" bei Legitimation, s. u. S. 55. Die Ehelichkeit muß aber nicht immer im Interesse des Kindes liegen; s. o. C II 3.

[59] S. o. C Fußnote 46; Restatement § 612, illustrations; Cardozo, J., Loucks v. Standard Oil Co., 224 N.Y. 99, 120 N.E. 198 (1918): (The courts) ... „do not close their doors unless help would violate some fundamental principle of justice, some prevalent conception of good morals, some deep-rooted tradition of the common weal."

[60] Succession of Caballero, 24 La. Ann. 573 (1872); dazu Ehrenzweig, Treatise 382.

[61] Loving v. Virginia, 388 U.S. 1 (1967): Gesetze, die rassische Mischehen mit Strafe belegen, sind verfassungswidrig.

[62] Vgl. für den früheren Zustand Holt, RabelsZ 1956, 21, 33; jetzt sorgt das südafrikanische Recht für solche Fälle; vgl. Henrich, StAZ 1969, 141 ff.

[63] S. z. B. Mazzolini v. Mazzolini, 168 Ohio St. 357, 155 N.E. 2d 206 (1958).

[64] Dazu Ryan - Granfield 81/82.

Die Ehelichkeit eines Kindes aus einer solchen Ehe tangiert jedenfalls nicht die „public policy" der US-Staaten[65]. Sobald es nicht um den Bestand der umstrittenen Ehe selbst geht, sondern nur um die Ehelichkeit des Kindes aus dieser Ehe, ist ein Eingreifen der Vorbehaltsklausel so gut wie ausgeschlossen[66]. Zwar hätte die anstößige Ehe im Forumstaat nicht geschlossen werden können; die Mißbilligung der Ehe geht aber nicht so weit, daß die Ehelichkeit der Kinder dadurch betroffen würde. Dies stimmt mit der Tendenz überein, die Fälle von Unehelichkeit durch entsprechende rechtliche Regelungen einzuschränken[67].

III. Die internationale Zuständigkeit deutscher Gerichte

1. Die streitige Gerichtsbarkeit

Soweit es sich um streitige Verfahren hinsichtlich der ehelichen Abstammung handelt (§ 1599 I BGB), folgt die internationale Zuständigkeit der deutschen Gerichte der in der ZPO normierten örtlichen Zuständigkeit[68]. Die internationale Zuständigkeit ist somit am Wohnsitz des Beklagten gegeben, §§ 13, 16 ZPO. Gemäß § 640 a I 1 ZPO ist bei dem Gerichtstand des Klägers subsidiär die internationale Zuständigkeit begründet. Haben weder Beklagter noch Kläger einen Gerichtsstand in Deutschland, ist das Amtsgericht Berlin-Schöneberg international zuständig, wenn eine der Parteien die deutsche Staatsangehörigkeit besitzt, § 640 a I 2 ZPO[69]. Entsprechend dem Art. 18 II EG ist für die Anfechtung der Ehelichkeit auch das Gericht des Wohnsitzes der Mutter international zuständig, wenn die Mutter Deutsche ist, § 640 a II ZPO.

Die dergestalt in weitem Umfang eingeräumte internationale Zuständigkeit der deutschen Gerichte ist nicht wie in Ehesachen (§ 606 b Nr. 1 ZPO) davon abhängig, daß das deutsche Urteil vom Heimatstaat der Parteien anerkannt werden wird[70].

---

[65] Ehrenzweig, Treatise 383 n. 34, 386; vgl. z. B. New York Domestic Relations Law § 145 (1) „... or if a marriage be declared a nullity as incestuous a child of the parties is deemed the legitimate child of both parents."
[66] Goodrich - Scoles 242/43 mit zahlreichen Nachweisen für polygame Ehen.
[67] Krause, FamRZ 1969, 304, 306.
[68] Dazu Riezler 219; H. Müller, Landesreferate 188; zum Begriff der internationalen Zuständigkeit BGH (GS) 44, 46 f.: Heldrich 71; Überblick zum folgenden bei Wieczorek, § 642 Anm. A III.
[69] Dazu Kritik bei Riezler, Internationales Familienrecht 526 Fußnote 28.
[70] Jayme 89; H. Müller, Landesreferate 189; BayObLG 1959, 14.

2. Die freiwillige Gerichtsbarkeit

Falls das Kind oder der Muttergatte gestorben ist, handelt es sich bei der Anfechtung der Ehelichkeit um eine Vormundschaftssache, § 1599 II BGB, §§ 35 ff. FGG. In diesem Fall richtet sich die internationale Zuständigkeit der deutschen Gerichte danach, ob das Kind in Deutschland seinen letzten gewöhnlichen — hilfsweise schlichten — Aufenthalt gehabt hat (§§ 43 I, 36 I 1 FGG)[71], oder ob das Kind deutscher Staatsangehörigkeit ist bzw. war (§§ 43 I, 36 II FGG), oder ob das deutsche Recht anzuwenden ist[72], oder ob ein Fürsorgebedürfnis in Deutschland besteht (§§ 43, 44 FGG)[73].

Wird das Gericht wegen Eintragungen in Personenstandsbüchern angerufen, folgt die internationale Zuständigkeit des deutschen Gerichts aus der „Belegenheit" des Registers in Deutschland[74].

IV. Das deutsche Kollisionsrecht

1. Art. 18 EG

Dieser Artikel gibt die Rechtsordnung an, nach der sich Empfängniszeit, Beiwohnungs-, Vaterschaftsvermutung und Anfechtung der Ehelichkeit beurteilen[75]. Gemäß Art. 18 I EG, der nach allgemeiner Meinung als allseitige Kollisionsnorm anzuwenden ist[76], entscheidet das Recht des Staates über die eheliche Abstammung, dem der Ehemann der Mutter zur Zeit der Geburt des Kindes oder — falls er vorher starb — zur Zeit seines Todes angehörte. Demnach wird amerikanisches Recht angewendet, wenn der Muttergatte Bürger der Vereinigten Staaten ist bzw. war; die Mehrzahl der deutsch-amerikanischen Familienrechtsfälle ist so gestaltet.

Soweit es um die Anfechtung der Ehelichkeit des Kindes geht, ist abweichend von Art. 18 I EG gemäß Art. 18 II deutsches Recht dann

---

[71] BayObLG, FamRZ 1959, 364, 367 ff.; KG, FamRZ 1963, 576.

[72] OLG Hamm, NJW 1955, 1724; BayObLG, NJW 1958, 1444; vgl. zum Gleichlaufprinzip u. E. III 2.

[73] RGZ 162, 329, 336; BayObLG, NJW 1958, 1444; vgl. BayObLG, FamRZ 1959, 364, 365 sub d.

[74] Schmitt - Peters 26, 136; Beitzke, Kraus-Festschrift 28 f.; OLG Frankfurt, StAZ 1969, 154, 157; BayObLG, BReg. 3 Z 47/71.

[75] Raape, IPR 460; Kegel, IPR 345; Frankenstein IV 22; Ficker, Internationales Familienrecht 258, weist auf die Übereinstimmung der Bezeichnung „eheliche Abstammung" in der Überschrift vor §§ 1591 ff. BGB und in Art. 18 I EG hin.

[76] S. z. B. Staudinger - Raape, Art. 18 Anm. A vor I, S. 447; Erman - Marquordt, Art. 18 Anm. 2; BGH 43, 218.

heranzuziehen, wenn die Mutter Deutsche und das Kind noch minderjährig ist. Im folgenden sollen nur derart gestaltete Fälle erörtert werden, die gemäß Art. 18 EG nach amerikanischem Recht beurteilt werden müssen.

2. Die Bestimmung des Muttergatten

Das nach Art. 18 EG maßgebliche Recht hängt von der Person des Muttergatten ab. Da nach verschiedenen Rechtsordnungen die Wirksamkeit einer Ehe verschieden beurteilt werden kann (hinkende Ehe), ist es für die Anwendung von Art. 18 von entscheidender Bedeutung, nach welcher Rechtsordnung das Bestehen einer Ehe zwischen Kindsmutter und angeblichem Vater und damit die Identität des für Art. 18 wichtigen Muttergatten beurteilt werden. Das Vorliegen einer Ehe ist für die Bestimmung der Ehelichkeit eine *Vorfrage*[77].

Zwei Lösungen bieten sich an:

Einmal kann die Rechtsordnung, die aufgrund des Art. 18 EGBGB über die Ehelichkeit entscheiden soll, auch über das Bestehen der Ehe entscheiden (unselbständige Anknüpfung)[78].

Zum anderen können die nach Art. 13 EGBGB maßgebenden Rechte herangezogen werden (selbständige Anknüpfung)[79]. In deutsch-amerikanischen Fällen spielt dieses Problem keine große Rolle. Denn das amerikanische Kollisionsrecht beurteilt die Wirksamkeit einer Ehe in erster Linie nach dem Recht des Ortes der Eheschließung[80]. Wurde also bei der in Deutschland eingegangenen Ehe gegen Art. 13 III EG verstoßen, so wäre diese Ehe auch nach amerikanischer Ansicht unwirksam.

Denkbar ist aber der Fall, daß die von einem amerikanischem Offizier oder Militärgeistlichen vorgenommene Trauung trotz eines Verstoßes gegen Art. 13 III EG in Amerika gültig wäre[81]. Wegen § 15 a EheG führen solche Fälle nur bei Beteiligung eines deutschen Partners oder eines von einem Drittstaat ermächtigten Standesbeamten zu Schwierigkeiten.

---

[77] Überblick über die Vorfragendiskussion bei Dorenberg 182 ff.
[78] Dazu Dorenberg 189.
[79] Dorenberg 189; die selbständige Anknüpfung wird überwiegend vertreten, S. KG, IPRspr. 1960—61 Nr. 107 mit weiteren Nachweisen; Staudinger - Firsching, Art. 11 Randz. 180.
[80] S. o. C II 4; Goodrich - Scoles 228 et seq.; Mazzolini v. Mazzolini, 168 Ohio St. 357, 155 N.E. 2d 206 (1958).
[81] Vgl. Goodrich - Scoles 231; Parry, 67 Harv. L. Rev. 1187; vgl. auch Raape, IPR 248, 382, für entsprechende Fallgestaltungen mit Belgiern und Engländern. Die US-Konsuln dürfen nach amerikanischem Recht keine Trauung vornehmen; s. Parry, a.a.O.; Rabel - Drobnig 257 n. 161.

Es ist aber keine Gerichtsentscheidung bekannt, die sich damit hätte befassen müssen[82].

Der Streit um selbständige oder unselbständige Anknüpfung kann also auch für das Thema dieser Arbeit in geringem Umfang praktisch bedeutsam sein. Bei unselbständiger Anknüpfung, also über Art. 18, kommt man zu demselben Ergebnis wie das Gericht des US-Staates, dem der angebliche Vater angehört. Auf diesem Weg läßt sich ein internationaler Entscheidungseinklang erreichen. Allerdings wird dabei eine Ehe als wirksam angesehen, die ein deutsches Gericht für unwirksam halten müßte, z. B. aufgrund des Art. 13 III EG.

Bei selbständiger Anknüpfung, also über Art. 13 wird ein Ergebnis erzielt, das im Einklang mit dem sonstigen deutschen Recht steht, ein Ergebnis, das aber von dem amerikanischen Recht abweicht. Damit würde der interne Entscheidungseinklang der internationalen Entscheidungsharmonie vorgezogen. Kurz, selbständige Anknüpfung dient dem internen Entscheidungseinklang, unselbständige Anknüpfung dient dem internationalen Entscheidungseinklang[83]. Da beide Gesichtspunkte gleichwertig erscheinen, läßt sich aus ihrer Abwägung kein überzeugendes Ergebnis gewinnen.

Es steht fest, daß gemäß Art. 18 erst der Muttergatte festzustellen ist, bevor man sein Heimatrecht zur Ehelichkeit des Kindes befragen kann[84]. Um den Muttergatten festzustellen, ist das Vorliegen einer Ehe zwischen ihm und der Kindesmutter zu prüfen. Die Wirksamkeit der Ehe dem Recht zu unterstellen, das nur dann zur Anwendung gelangt, wenn die Ehe nach diesem Recht wirksam ist, läßt sich methodisch nicht vertreten. Da „Ehemann" im Tatbestand des Art. 18 steht, kann zur Klärung dieses Begriffes nicht die Rechtsfolge derselben Vorschrift, nämlich Anwendung des Muttergattenrechts, herangezogen werden. Erst muß festgestellt werden, wer Muttergatte ist, und zwar nach deutschem Kollisionsrecht, Art. 13, und nur dann kann das Heimatrecht des Muttergatten zur Ehelichkeit des Kindes befragt werden.

Für Art. 18 EG muß daher hinsichtlich der Wirksamkeit der Ehe selbständig angeknüpft werden; die maßgebenden Rechtsordnungen bestimmen sich nach Art. 13 und 11 EG. Wird auf diese Weise die Wirk-

---

[82] Vgl. aber den ungewöhnlichen Fall in StAZ 1968, 202 f.; Eheschließung zweier US-Bürger vor englischem Militärgeistlichen in Deutschland. § 15a EheG ist nicht anwendbar, weil keiner der Verlobten dem Entsendestaat des Geistlichen angehört; nach deutschem Recht liegt eine Nichtehe vor. Wegen Nichteinhaltung der lex loci actus kommt man nach amerikanischem Recht zum gleichen Ergebnis.

[83] Henrich, FamRZ 1958, 122 Anm. 6, und StAZ 1966, 219, 220; Wengler, JR 1963, 41, 43.

[84] Zum folgenden Jochem, FamRZ 1964, 392, 393; BGHZ 43, 213, 218; BayObLG 1966, 1 ff.; dazu Anm. von Neuhaus, FamRZ 1966, 144 ff.

samkeit der Ehe festgestellt, dann ist das Bestehen der Ehe nicht noch einmal anhand der gemäß Art. 18 EG maßgebenden Rechtsordnung zu prüfen[85]. Die Wirksamkeit der Eheschließung nach dem Heimatrecht des Ehemannes wird also unterstellt. Sonst käme man nämlich zu einer kumulativen Anwendung des Art. 13 und des Art. 18, wobei sich das strengere Recht durchsetzen würde.

3. Die fehlerhafte Ehe der Eltern

Zur Beurteilung der Ehelichkeit von Kindern aus geschiedenen Ehen ist Art. 18 EG heranzuziehen. Im Wortlaut der Kollisionsnorm ist auch dieser Fall unmittelbar umfaßt.

Für aufgehobene Ehen ist der Anordnung der §§ 29 S. 2, 37 I EheG ebenso im internationalen Privatrecht Folge zu leisten. Art. 18 gilt auch hier.

Schwieriger ist diese Frage bei nichtigen Ehen. Stellt man bei der Prüfung, wer Ehemann der Mutter im Sinne des Art. 18 EG ist, fest, daß nach einer der gemäß Art. 11 und 13 EG berufenen Rechtsordnungen die Ehe für unwirksam erachtet wird, liegt es nahe, dieselbe Rechtsordnung über den Status der Kinder aus einer solchen unwirksamen Ehe zu befragen; „Wer niederreißt, soll auch aufräumen"[86]. Wird aber die Ehe in allen beteiligten Rechtsordnungen für nichtig gehalten, unterscheiden sich diese Rechtsordnungen dagegen in der Beurteilung des Status der Kinder aus der fraglichen Ehe, muß doch eine Wahl der für den Status maßgeblichen Rechtsordnung getroffen werden. Diesem Dilemma entgeht man, wenn man in analoger Anwendung des Art. 18 EG das Heimatrecht des männlichen Partners der nichtigen Ehe über die Ehelichkeit entscheiden läßt[87]. Für diese Lösung spricht, daß diese Situation genügend Gemeinsamkeiten mit der von Art. 18 unmittelbar geregelten aufweist. Außerdem stützt sich diese Ansicht auch auf das interne deutsche Recht, §§ 23 EheG, 1591 S. 1 BGB. Nicht zuletzt sprechen praktische Erwägungen für diesen Vorschlag. Über den Status der Kinder aus nichtigen Ehen entscheidet somit das Recht des „Pseudogatten" der Kindesmutter[88].

---

[85] BayObLGZ 1963, 269; OLG Düsseldorf, StAZ 1965, 18; Henrich, FamRZ 1958, 122, 123 Anm. 13, und StAZ 1969, 141, 148; und StAZ 1966, 220; Wolff, IPR 81, 213; Raape, IPR 119; Kegel, IPR 307; Neuhaus, FamRZ 1965, 543; Beitzke, StAZ 1966, 330; Erman - Marquordt, Art. 18 Anm. 5; Schweizer 127.

[86] So Raape, IPR 343; BGHZ 43, 213; Kegel, IPR 305, 344.

[87] So die überwiegende Meinung: Nussbaum 141, 172 Fußnote 3; Rabel - Drobnig 612 mit weiteren Nachweisen; Wolff, IPR 213; Lewald 129; Frankenstein III, 217; Neuhaus, FamRZ 1965, 542; Henrich, FamRZ 1958, 123.

[88] Ausdruck von Wolff, IPR 213.

Handelt es sich bei der Verbindung der Eltern um eine Nichtehe (Verstoß gegen Art. 13 III EG, § 11 EheG), so ist für eine unmittelbare Anwendung des Art. 18 EG kein Raum[89].

Wengler schlägt vor, in Art. 18 statt „Ehemann der Mutter" „angeblicher Vater" zu lesen[90]. Andrerseits ist die Nichtehelichkeit der Kinder aus Nichtehen die Regel, so daß man — ohne erst das internationale Privatrecht zu bemühen — den materiellrechtlichen Satz aufstellen könnte, Kinder aus Nichtehen seien immer nichtehelich[91]. Dieser Satz gilt jedoch nicht uneingeschränkt. In manchen Gliedstaaten der USA werden z. B. die Kinder aus einer Nichtehe im Verhältnis zu dem Elternteil, der hinsichtlich des Mangels bei der Eheschließung gutgläubig war, als ehelich behandelt[92]. Ohne eine Kollisionsregel kommt man also auch hier nicht aus.

Es kommen wieder Art. 11 und 13 EG neben Art. 18 in Betracht[93]. Die Anwendung der beiden ersten Vorschriften betont die Abhängigkeit der Ehelichkeit des Kindes von der Ehe seiner Eltern. Daß diese Abhängigkeit nicht unumschränkt gilt, wurde oben erwähnt. Auch das deutsche interne Recht spricht dagegen. Art. 25 EheG a. F. wurde 1961 durch § 1591 BGB ersetzt; § 1591 BGB steht unter dem Titel: Eheliche Abstammung[94]. Im übrigen ist auf die Argumente zu verweisen, die bei der nichtigen Ehe zugunsten der analogen Anwendung des Art. 18 oben gebracht wurden. Also gilt auch hier, daß das Recht des „Pseudogatten" der Mutter die Ehelichkeit des Kindes bestimmt[95].

4. Art. 27 EG

Art. 27 EG ewähnt den Art. 18 nicht. Da Art. 18 als einseitige Kollisionsnorm gefaßt ist, konnte er in Art. 27 auch nicht aufgeführt werden. Versteht man aber Art. 18 als allseitige Kollisionsnorm, erhebt sich die

---

[89] Ganz h.L.: BGHZ 43, 213, 218; OLG Celle, FamRZ 1964, 209; OLG Köln, FamRZ 1964, 210; BayObLGZ 1966, 1, 5; Soergel - Kegel, Art. 18 Anm. 3; Kegel, IPR 344.

[90] Wengler, JR 1963, 41; und JZ 1965, 536.

[91] So BGHZ 43, 213, 219; BayObLGZ 1966, 1, 6; Beitzke, StAZ 1966, 329, 330; Massfeller - Hoffmann, § 21 Anm. 77.

[92] S. o. C Fußnote 53; weitere Beispiele bei Henrich, StAZ 1969, 141, 143.

[93] Darstellung der verschiedenen Ansichten bei Henrich, StAZ 1969, 141, 144.

[94] Henrich, StAZ 1969, 141, 145.

[95] Ficker, Internationales Familienrecht 263; Henrich, FamRZ 1958, 123, und StAZ 1969, 141, 145; Jayme, StAZ 1967, 160; Lewald 130; Nussbaum 172 Anm. 3; Wolff, IPR 213; vgl. auch KG, OLGE 42, 97; LG Siegen, StAZ 1967, 158; unentschieden KG, StAZ 1962, 41.

Frage, ob das Recht des Muttergatten insgesamt, also auch das Kollisionsrecht, anzuwenden ist. Mit der analogen Anwendung des Art. 27 ebenso wie in den in dieser Vorschrift ausdrücklich geregelten Fällen werden ein internationaler Entscheidungseinklang, die Anwendung deutschen internen Rechts und eine „reale Entscheidung" ermöglicht. Deshalb ist die Rückverweisung des durch Art. 18 berufenen Rechts zu beachten[96].

Hat nach amerikanischer Auffassung der Muttergatte sein Domizil in Deutschland, verweist das amerikanische Kollisionsrecht auf das deutsche Recht[97]. Das deutsche Recht nimmt diese Rückverweisung an, so daß das deutsche Gericht im Ergebnis die Vorschriften des BGB anwenden muß.

V. Die Schwierigkeiten bei der Anwendung amerikanischen Rechts

1. Der relative Status

Für das deutsche Gericht erhebt sich die Frage, ob das amerikanische Kollisonsrecht insoweit zu beachten ist, als es die Ehelichkeit im Verhältnis zu jedem Elternteil getrennt prüft.

Da die analoge Anwendbarkeit des Art. 27 EG für Art. 18 bejaht wird, ist eine Rück- und Weiterverweisung durch das von Art. 18 berufene amerikanische gliedstaatliche Recht zu befolgen. Andrerseits ist die mögliche Folge eines relativen Status keineswegs zweckmäßig. Insbesondere im Zusammenhang mit Unterhalts-, Sorge- und Namensrecht können sich Schwierigkeiten ergeben. Ob diese Schwierigkeiten eine Vernachlässigung des amerikanischen Kollisionsrechts in der Frage des relativen Status rechtfertigen, ist fraglich. Es ist kein Einzelfall, daß eine nach deutscher Ansicht einheitlich zu beantwortende Frage durch das amerikanische Kollisionsrecht in zwei Fragen zerlegt wird, die eventuell unterschiedlich zu beantworten sind: Nach deutschem internationalen Privatrecht, Art. 25 EG, wird ein Ausländer nach seinem Heimatrecht zur Zeit seines Todes beerbt. In Amerika richtet sich die Erbfolge in beweglichen Nachlaß nach dem Domizilrecht des Erblassers zur Zeit seines Todes, die Erbfolge in unbeweglichen Nachlaß nach der lex rei sitae[98].

---

[96] Kegel, IPR 150.
[97] S. o. C II 3.
[98] Firsching, Erbfälle 24, 83 ff.

Diese Nachlaßspaltung wird vom deutschen Gericht beachtet[99]. Selbst aufgrund deutscher Kollisionsnormen kann sich ein dem relativen Status verwandtes Problem ergeben, nämlich gemäß Art. 22 I EG dann, wenn Ehegatten mit verschiedener Staatsangehörigkeit ein Kind adoptieren[100]. Ähnlich verhält es sich mit dem nichtehelichen Kind von Eltern unterschiedlicher Staatsangehörigkeit[101].

Es sprechen auch andere Gründe dafür, das amerikanische Kollisionsrecht zu befolgen und somit die Frage nach der Ehelichkeit in zwei Teilfragen zu zerlegen: Nur auf diese Weise ist ein Entscheidungseinklang zwischen deutschen und amerikanischen Gerichten zu erreichen. Zudem wäre es nicht vertretbar, die deutsche kollisionsrechtliche Lösung — maßgeblich ist das Personalstatut des Vaters — dem amerikanischen Recht unterschieben zu wollen. Umgekehrt könnte die amerikanische Regelung als Vorschlag dienen, um Art. 3 II GG auch im deutschen internationalen Privatrecht Rechnung zu tragen.

Es ist also festzuhalten: Für die eheliche Abstammung im Verhältnis zum Vater ist dessen Domizilrecht, im Verhältnis zur Mutter deren Domizilrecht zu beachten. Rück- und Weiterverweisung hinsichtlich der ehelichen Abstammung von einem Elternteil müssen befolgt werden. Kommt es zu einem Konflikt infolge der abweichenden Beurteilung durch die anwendbaren Rechte, ist zu vermuten, daß das der Ehelichkeit des Kindes günstigere Recht anzuwenden ist. Diese Vermutung gründet sich auf die in den Vereinigten Staaten vorherrschende Tendenz, die Fälle von unehelicher Abstammung möglichst zu verringern[102].

2. „Public policy"

Die „public policy" der maßgeblichen amerikanischen Rechtsordnung muß als Teil dieser Rechtsordnung beachtet werden. Sobald es allerdings dadurch zu Verstößen gegen den deutschen ordre public kommt, wie es z. B. beim Verbot von rassischen Mischehen denkbar war, geht der deutsche ordre public vor[103].

Die Gleichstellung ehelicher und nichtehelicher Kinder in Arizona und Oregon[104] verstößt nicht gegen den deutschen ordre public, insbesondere nicht gegen Art. 6 I GG[105].

---

[99] OLG Frankfurt, RabelsZ 1954, 554 ff. mit Anm. von Neuhaus; vgl. BayObLG, NJW 1970, 997 ff. mit Anm. von Röder.
[100] Soergel - Kegel, Art. 19 EG Randz. 18.
[101] Soergel - Kegel, Art. 21 EG Randz. 25.
[102] S. o. C Fußnote 58; Krause, 44 Tex. L. Rev. 829, 842.
[103] Dazu ausführlich Staudinger - Raape, Art. 27 Anm. E, S. 752 ff.
[104] S. u. D Fußnote 7.
[105] BVerfG, NJW 1969, 597 ff.

V. Die Schwierigkeiten bei der Anwendung amerikanischen Rechts

3. Die Anfechtung der Ehelichkeit gemäß Art. 18 II EG

Unter den Voraussetzungen des Art. 18 II EG richtet sich die Anfechtung der Ehelichkeit abweichend von Art. 18 I nach deutschem Recht. Ob ein Kind minderjährig i. S. des Art. 18 II ist, ergibt sich gemäß Art. 7 I EG aus dessen Heimatrecht. Bei amerikanischer Staatsangehörigkeit des Kindes ist also das Recht des US-Staates maßgebend, in dem das Kind domiziliert ist[106].

Die Ausnahme des Art. 18 II gilt nur für die Anfechtung, also insbesondere für Beginn und Dauer der Anfechtungsfrist und für den Kreis der Anfechtungsberechtigten. Die Anfechtungsgründe hingegen unterfallen der Regel des Art. 18 I EG. Die amerikanischen Vorschriften sind deshalb danach zu qualifizieren, ob sie unmittelbar mit der Anfechtung zu tun haben und deshalb gemäß Art. 18 II durch die §§ 1593 ff. BGB ersetzt werden. Eine Geltendmachung der Unehelichkeit durch jeden, der ein rechtliches Interesse daran hat, wird durch § 1593 BGB ausgeschlossen. Die Anfechtungsberechtigung ist den §§ 1594 ff. BGB zu entnehmen. Die nach amerikanischem Recht jederzeit mögliche Geltendmachung der Unehelichkeit wird durch die deutschen Anfechtungsfristen verdrängt.

Die amerikanische Regelung, die durch eine starke Ehelichkeitsvermutung einerseits und die nahezu unbeschränkte Zulässigkeit der Geltendmachung der Unehelichkeit andrerseits gekennzeichnet ist, wird also mit den deutschen Vorschriften derart gekoppelt, daß die Anfechtungsmöglichkeiten stark beschränkt werden. Im Ergebnis wird dadurch die Ehelichkeit eines Kindes weitgehend geschützt. Art. 18 II EG bewirkt damit das Gegenteil dessen, was der Gesetzgeber mit ihm bezweckte[107]. Die Einschränkung der Ehelichkeitsanfechtung durch Art. 18 II EG geht aber nicht soweit, daß ein Eingreifen der Vorbehaltsklausel gerechtfertigt wäre.

4. Die Anfechtung der Ehelichkeit gemäß Art. 18 I EG

a) Das Anfechtungsverfahren

Wird das Anfechtungsverfahren in Deutschland durchgeführt, ist deutsches Verfahrensrecht anzuwenden. Der Grundsatz, daß für das Verfahren die lex fori gilt, reicht zumindest so weit, wie das Verfah-

---

[106] S. o. B im Text bei Fußnote 45.
[107] Zur Geschichte des Art. 18 II EG s. Soergel - Kegel, Art. 18 Randz. 15.

rensrecht des Forums nicht streitentscheidend ist und somit den internationalen Entscheidungseinklang nicht stören kann[108].

In Betracht kommen das Feststellungsverfahren des § 256 ZPO oder das Statusverfahren der §§ 640 ff ZPO. Für ersteres spricht, daß es der amerikanischen Regelung näher kommt. Andrerseits ist aber zu bedenken, daß die deutschen Vorschriften über das Statusverfahren das öffentliche Interesse an dieser bestimmten Verfahrensgestaltung für Anfechtungsprozesse ausdrücken[109]. Der Scheidungsprozeß, so wird angenommen[110], kann in Deutschland nur nach den speziellen deutschen Verfahrensvorschriften erfolgen. Zu dem gleichen Ergebnis kommt das Oberlandesgericht Düsseldorf für das Anfechtungsverfahren[111]. Wegen der materiellrechtlichen Bedeutung des Verfahrensrechts in Anfechtungsprozessen ist das genauer zu prüfen.

Nach deutschem Recht ist für die Anfechtung der Ehelichkeit ein Statusverfahren vorgesehen, um mit Wirkung gegen jedermann die persönliche Rechtsstellung des Kindes feststellen zu können[112].

Ganz anders das amerikanische Recht; dort geht es nicht um die allseits verbindliche Klärung des Status einer Person. Für die Amerikaner ist „die Geltendmachung der Unehelichkeit ein Angriff auf wirtschaftliche Einzelrechte"[113]. Die Frage der Ehelichkeit kann, wenn entscheidungserheblich, jeweils neu aufgerollt und neu entschieden werden.

Ein Statusurteil wird vom deutschen Personenstandsgesetz gefordert, §§ 20, 21 I Nr. 1, 29 I, 30 I PStG, das auch auf Ausländer Anwendung findet[114].

Die Anfechtung der Ehelichkeit in einem Feststellungsverfahren gemäß § 256 ZPO hätte bedenkliche Folgen. In einigen Gliedstaaten der USA ist die Ehelichkeitsanfechtung nur beschränkt zulässig[115]. Soweit es sich um Beschränkungen materieller Natur handelt, sind sie auch vom deutschen Gericht zu beachten. Handelt es sich aber um Beschrän-

---

[108] Niederländer, RabelsZ 1955, 18 ff., 35; zur Herrschaft der lex fori für das Verfahrensrecht s. Soergel - Kegel, Randz. 388 vor Art. 7; Heldrich 14 ff.; von Craushaar 1 f., 20 ff.
[109] Protokolle IV 466; vgl. Motive IV 673, s. auch Gutermuth 112.
[110] Nachweise bei Soergel - Kegel, Art. 17 EG Randz. 46 Fußnote 15.
[111] OLG Düsseldorf, HRR 1937, Nr. 1321.
[112] S. o. Fußnote 109; Palandt - Lauterbach, § 1593 Anm. 1; s. auch § 640 h S. 1 ZPO.
[113] Gutermuth 114.
[114] Sonnenberger, FamRZ 1964, 240; Beitzke, StAZ 1966, 329 ff.; AG Hamburg, StAZ 1967, 277 f., wo aber zwischen Anfechtung der Ehelichkeit und Geltendmachung der Unehelichkeit unterschieden wird; dazu D. Müller, StAZ 1969, 163 Fußnote 12; AG Bielefeld, IPRSpr. 1962—63 Nr. 97.
[115] S. o. C I 2; Sonnenberger, FamRZ 1964, 238, 240.

V. Die Schwierigkeiten bei der Anwendung amerikanischen Rechts

kungen prozessualer Art, z. B. hinsichtlich der Beweismittel, sind diese in der Regel nicht in das deutsche Verfahren zu übernehmen[116]. Hier geht die lex fori vor. Der Satz von der Austauschbarkeit der Verfahren[117] läßt sich also nicht aufrechterhalten. Auch bei einer Feststellungsklage nach § 256 ZPO ist die völlige Anwendung amerikanischen Rechts nicht gewährleistet.

Aus den den § 640 h ZPO, § 20 PStG und § 1593 BGB zugrundeliegenden Wertungen folgt, daß ein Feststellungsurteil mit inter-partes-Wirkung für das deutsche Recht nicht annehmbar ist[118]. Das Interesse des Kindes an eindeutiger und nicht von jedermann angreifbarer Feststellung seines Personenstandes führt daher zum Ausschluß solcher ausländischer Normen gemäß Art. 30 EG. Diese Ansicht entspricht dem Gedankengang, unter Berufung auf die Vorbehaltsklausel sei die gerichtliche Feststellung der Nichtigkeit einer formwidrig geschlossenen Ehe zu fordern, obwohl das maßgebende ausländische Recht von der Unwirksamkeit der Ehe ausgeht, ohne daß es einer gerichtlichen Entscheidung bedürfte[119].

Hält man ein Statusurteil nicht für erforderlich[120], bewirkt man ein Auseinanderfallen von Rechtslage und Personenstandsregister. Denn die durch inter-partes-Urteil festgestellte Unehelichkeit kann nicht im Geburtenbuch eingetragen werden[121]. Der Status des Vaters ist aber in Deutschland „unteilbar"[122].

Die Anfechtung ist also im Statusverfahren zu betreiben. Die Rechtskraft des Urteils bemißt sich nach der lex fori, d. h. nach deutschem Recht[123].

b) Die Anfechtungsberechtigten

Es ist deutlich, daß sich die amerikanischen Sachnormen nur schwer mit den deutschen Verfahrensnormen für den Statusprozeß in Einklang bringen lassen.

---

[116] Riezler 470; Soergel - Kegel, Randnummer 388 vor Art. 7; Neuhaus, Grundbegriffe 81.
[117] Vgl. Soergel - Kegel, Art. 17 Randnummer 52.
[118] Boehmer, JZ 1953, 747; vgl. Riezler 93: „Nur die lex fori kann dafür maßgebend sein, welche Arten von Entscheidungen überhaupt zulässig sind."
[119] Staudinger - Firsching, Art. 11 Randz. 44; vgl. LG Wiesbaden, IPRspr. 1956—57 Nr. 145.
[120] AG Bielefeld, IPRspr. 1962—63 Nr. 37; OLG Hamm, IPRspr. 1964—65 Nr. 113; in beiden Urteilen wird auf ein Gutachten von Kegel Bezug genommen; Jayme 92 f.
[121] OLG Hamm, IPRspr. 1964—65 Nr. 113.
[122] Dölle, Familienrecht 81; Motive IV 673.
[123] Niederländer, RabelsZ 1955, 1, 49.

Im amerikanischen Recht ist zu unterscheiden, ob jemand bezüglich der Ehelichkeitsanfechtung ein Klagerecht hat bzw. die Unehelichkeit in einem anderen Rechtsstreit geltend machen kann oder ob er auch den Beweis für die Unehelichkeit des Kindes antreten darf[124].

Auf den ersten Blick scheint es sich um prozessuale Fragen zu handeln, die der lex fori zu unterstellen wären. Klagerecht bzw. Recht zur Geltendmachung der Unehelichkeit im Rahmen eines anderen Prozesses entsprechen — der Funktion nach — der materiellen Berechtigung, die Ehelichkeit anzufechten[125]. Diese Berechtigung gehört zum materiellen Recht[126]. Sie ist daher gemäß Art. 18 EG nach amerikanischem Recht zu beurteilen.

Folgt man in dieser Frage dem amerikanischen Recht, bedeutet das, daß der Kreis der Anfechtungsberechtigten sehr weit sein kann. Im amerikanischen Recht ist das unproblematisch, weil die Rechtskraftwirkung der Urteile darauf abgestellt ist[127]; aber im deutschen Recht ist das wegen der inter-omnes-Wirkung des Statusurteils anders. Das deutsche Prozeßrecht gibt dem nach amerikanischem Recht Anfechtungsberechtigten eine größere Befugnis, als er nach amerikanischem Recht haben würde. Dem deutschen Recht entspricht dieses Ergebnis ebensowenig, da hier die Zahl der Anfechtungsberechtigten beschränkt ist: der Ehemann der Mutter (§ 1594 BGB), nach dessen Tod seine Eltern (§ 1595 a), das betroffene Kind selbst (§ 1596). Die Lösung, die amerikanische Anfechtungsberechtigung im deutschen Verfahren geltend zu machen, läuft dem Zweck beider beteiligten Rechtsordnungen zuwider. Die Befugnis, nach amerikanischem Recht die Unehelichkeit eines Kindes vom Gericht feststellen zu lassen, läßt sich also mit der Anfechtungsberechtigung nach deutschem Recht nicht gleichsetzen. Das folgt aus der Überlegung, daß das amerikanische Recht, zugeschnitten auf das dortige Verfahren, nichts aussagen kann darüber, wer im deutschen Statusverfahren anfechtungsberechtigt ist. Hier ist eine Lücke, die sich aus dem Widerspruch beider Rechtsordnungen ergibt[128]. Um sie auszufüllen, müssen beide Rechtsordnungen einander angepaßt werden[129], ein Problem, das keineswegs auf das internationale Privatrecht beschränkt ist[130].

---

[124] S. o. C I 2; zu eng Sonnenberger, FamRZ 1964, 238, 241, der nur auf letzteres hinweist.
[125] Vgl. Riezler, 106 f., für die ähnliche Lage bei der Verjährung.
[126] Neuhaus, Grundbegriffe 81; Henrich, FamRZ 1958, 122, 125; Beitzke, NJW 1951, 279; Neuhaus, RabelsZ 1955, 237, 238. Wolff, Private International Law 383/84.
[127] Gutermuth 127.
[128] Sonnenberger, FamRZ 1964, 238, 241 f.
[129] Vgl. Neuhaus, Grundbegriffe 248 ff.; Kegel, IPR 125 ff.
[130] Dazu ausführlich J. Schröder 48 ff., 65 ff.

V. Die Schwierigkeiten bei der Anwendung amerikanischen Rechts   45

Als Ausgangspunkt ist die Entscheidung zugunsten des deutschen Statusverfahrens festzuhalten. Nachdem sich die Befugnis zur Geltendmachung der Unehelichkeit gemäß amerikanischen Recht nicht in eine Anfechtungsberechtigung nach deutschem Recht umdeuten läßt, bleibt nur der Rückgriff auf das deutsche Recht; eine dritte Lösung ist nicht ersichtlich. Die Verweisung des Art. 18 I auf amerikanisches Recht ist daher insoweit einzuschränken und stattdessen deutsches Recht heranzuziehen. Der Kreis der Anfechtungsberechtigten bestimmt sich somit nach dem BGB.

c) Die zulässigen Beweismittel

Die Beweismittel sind ein Teil des Verfahrens und unterstehen grundsätzlich der lex fori[131]. Auch *Neuhaus*[132] meint nichts anderes, wenn er Vorschriften über zulässige Beweismittel dann dem Recht der Hauptsache entnehmen will, soweit es sich um verkappte Formvorschriften handelt.

Andrerseits besteht auch zwischen dem Beweisrecht und dem materiellen Recht ein enger Zusammenhang, wie gerade hier deutlich wird: Die Einschränkung der zulässigen Beweismittel dient in Amerika dem Schutz der für die Ehelichkeit streitenden Vermutung. Diesem Schutz wird im deutschen Recht u. a. dadurch Rechnung getragen, daß der Kreis der Anfechtungsberechtigten klein gehalten wird[133].

Es bleibt aber bei dem anfangs erwähnten Grundsatz der Geltung der lex fori, weil die Übernahme des amerikanischen Beweisrechts an der Ausgestaltung des deutschen Statusverfahrens scheitert; hier gilt gemäß § 640 I, 617, 622 I ZPO der Untersuchungsgrundsatz.

d) Die Anfechtungsfristen

Das Recht, die Nichtehelichkeit eines Kindes geltend zu machen, verjährt nach Ablauf der Anfechtungsfrist. Die Qualifikation, ob dies eine materiellrechtliche oder eine prozeßrechtliche Angelegenheit ist, erfolgt nach der lex fori[134], d. h. nach deutschem Recht. In Deutschland wird die Verjährung als „Zubehör" der materiellrechtlichen Institution, des Anfechtungsrechts, angesehen. Sie stellt einen „Normalfall der Anspruchsbeendigung" dar[135]. Da die Verjährung nach deutscher Auffas-

---

[131] S.o. Fußnote 176; Neuhaus, RabelsZ 1955, 237 f.; Lauterbach - H. Müller, Kindschaftsrecht 45; Raape, IPR 225 f.
[132] Neuhaus, Grundbegriffe 81.
[133] Vgl. Gutermuth 98, 127; s. auch Makarov, Internationales Familienrecht 627 ff.
[134] Raape, IPR 500; Kegel, IPR 251; s. auch D Fußnote 73 und dazugehörigen Text.
[135] So Kegel, IPR 121.

sung zum materiellen Recht gehört, müßten gemäß Art. 18 I die amerikanischen Fristen gelten. *Kegel*[136] lehnt dies ab, weil nach amerikanischer Ansicht die Verjährung zum Prozeßrecht gehört[137]. Da das Verfahrensrecht aber prinzipiell der lex fori unterliegt, lex fori aber deutsches Recht ist, sieht Kegel in der prozessualen Qualifikation durch das amerikanische Recht eine hypothetische Rückverweisung auf das deutsche Recht. Sie sei deshalb nur hypothetisch und werde nicht real, weil ein amerikanisches Gericht jeweils sein eigenes Verfahrens- und damit auch Verjährungsrecht anwende und sich nicht über das von einem deutschen Gericht anzuwendende Verfahrensrecht äußere. Mit der hypothetischen Rückverweisung will Kegel den internationalen Entscheidungseinklang fördern. Dieses Argument überzeugt keineswegs, da die hypothetische Rückverweisung gerade zur Anwendung unterschiedlichen Verjährungsrechts durch amerikanische und durch deutsche Gerichte führen muß. Die Hoffnung auf gleichlautende Entscheidungen in Amerika und in Deutschland ist größer, wenn in beiden Ländern das gleiche Recht angewandt wird, das heißt im vorliegenden Fall: wenn amerikanisches Verjährungsrecht angewandt wird. Es ist daher von der deutschen Qualifikation auszugehen, so daß es gar nicht zu einer hypothetischen Rückverweisung kommt. Die amerikanischen Fristen sind also zu beachten[138].

Da die meisten US-Staaten für das Recht der Ehelichkeitsanfechtung gar keine Verjährung kennen, könnte Art. 30 EG eingreifen. Gemäß § 1594 BGB muß die Anfechtung der Ehelichkeit binnen zwei Jahren nach Kenntnis des Anfechtungsgrundes erfolgen. Sieht das deutsche Recht somit eine verhältnismäßig kurze Verjährungsfrist vor, dann verstößt Verjährungslosigkeit gegen den „Zweck eines deutschen Gesetzes" (Art. 30)[139].

Zur Bestimmung einer Frist ist amerikanisches Recht, soweit dies im Hinblick auf Art. 30 möglich ist, gemäß Art. 18 anzuwenden. Es ist die längste Verjährungsfrist der betreffenden Rechtsordnung zu wählen. Im Vergleich mit § 1594 BGB erscheint das immer noch schwer erträg-

---

[136] Kegel, IPR 152; Kegel, Verjährungsrecht, S. 41.

[137] Goodrich - Scoles 152; s. da auch die Einschränkungen dieses Grundsatzes; Walsh v. Mayer, 111 U.S. 31 (1884); Kritik bei Ehrenzweig, Treatise 428 et seq.

[138] Rabel - Drobnig 609, RG, HRR 1939 Nr. 376 (4); BGH, NJW 1960, 1720 ff.; OLG Naumburg, HRR 1933 Nr. 1146; KG, JW 1932, 2296; OLG Frankfurt, JW 1926, 2858.

[139] Dazu besonders OLG Frankfurt, JW 1926, 2858; Erman - Marquordt, Art. 18 Anm. 7; vgl. für die Verjährungslosigkeit einer Forderung Riezler 108; RG, LZ 1913, 550; RGZ 106, 81 ff.; RG, Gruch Beitr. 66, 105; vgl. für den umgekehrten Fall einer sehr kurzen Anfechtungsfrist LG Trier, FamRZ 1956, 131 f.

V. Die Schwierigkeiten bei der Anwendung amerikanischen Rechts 47

lich; es ist aber zu bedenken, daß die Anfechtungsberechtigten ihres Rechtes beraubt würden, wollte man ihnen die kurzen deutschen Fristen entgegenhalten[140].

e) Das Anfechtungsverfahren vor dem Vormundschaftsgericht

Das deutsche Recht sieht eine Ehelichkeitsanfechtung im Verfahren der freiwilligen Gerichtsbarkeit vor, wenn das Kind oder der angebliche Vater gestorben ist. Dagegen kennt das amerikanische Recht nur die Geltendmachung der Unehelichkeit im streitigen Verfahren. Unterliegt eine Ehelichkeitsanfechtung amerikanischem Recht, stellt sich die Frage, ob nach dem Tode des Kindes oder des Scheinvaters in Deutschland das Prozeßgericht oder das Vormundschaftsgericht zur Entscheidung berufen ist. Das Problem liegt auf prozessualem Gebiet. Das deutsche Recht als lex fori ist somit grundsätzlich maßgebend. Zwingende Gründe, die gegen die Herrschaft der lex fori in dieser Frage sprechen könnten, sind nicht ersichtlich. Es ist also § 1599 II BGB Rechnung zu tragen: die Ehelichkeitsanfechtung findet in diesen Fällen vor dem Vormundschaftsgericht statt[141].

f) Zusammenfassung

Das amerikanische Recht gilt, soweit es sich um die Vermutung der Ehelichkeit handelt, insbesondere also für die Empfängnisfristen. Auch die Verjährung wird nach amerikanischem Recht geregelt, soweit da für die Ehelichkeitsanfechtung überhaupt eine Verjährungsfrist besteht; notfalls ist die längste Verjährungsfrist, die es in der fraglichen Rechtsordnung gibt, anzunehmen.

Der Kreis der Anfechtungsberechtigten, die Art des Anfechtungsverfahrens, das Beweisrecht, die Rechtskraft des Urteils, all das bestimmt sich nach deutschem Recht.

5. Die Wirkung amerikanischer Urteile in Deutschland

Bei der Prüfung einer Anfechtungsklage hat sich das deutsche Gericht möglicherweise mit einem amerikanischen Urteil in gleicher Sache auseinanderzusetzen, in dem die Ehelichkeit eines Kindes bereits bejaht oder verneint wurde.

Handelt es sich nicht um dieselben Parteien wie im amerikanischen Verfahren, dann hindert das bereits ergangene amerikanische Urteil

---

[140] S. dazu auch Jansen - Knöpfel 101.
[141] Vgl. OLG Bremen, IPRspr. 1962—63 Nr. 136.

nicht, in Deutschland ein neues Sachurteil zu erlassen. Schließlich erstreckte sich der „res iudicata"-Effekt in den USA nur auf die Parteien; über § 328 ZPO kann dann das Urteil in Deutschland keine weitergehende, dem § 640 h ZPO entsprechende Wirkung erlangen[142]. Dieses amerikanische Urteil kann also auch nicht die Grundlage eines Randvermerks im Geburtenbuch des Kindes sein, § 30 I PStG[143].

Bindet das Urteil nach amerikanischem Recht die vor dem deutschen Gericht auftretenden Parteien, müssen zwei Fälle unterschieden werden. Handelt es sich um ein amerikanisches Feststellungsurteil, das gegenüber allen interessierten Personen Rechtskraft wirkt, ist seine Anerkennung nach Maßgabe des § 328 ZPO in Deutschland möglich.

Erstreckt sich dagegen die Rechtskraft des Urteils nach amerikanischem Recht nur auf die Parteien, verstößt das Urteil gegen den deutschen ordre public, zu dem der Statusprozeß zu rechnen ist[144]. Das Urteil darf nach § 328 I Ziff. 4 ZPO in Deutschland nicht anerkannt werden und steht deshalb einer neuen Sachentscheidung durch das deutsche Gericht nicht entgegen[145].

Im übrigen könnte die Anerkennung des amerikanischen Urteils auch an § 328 I Ziff. 3 ZPO scheitern, weil Art. 18 II EG nicht beachtet wurde. Dies gilt nur für die Fälle, in denen das Kind, dessen Personenstand durch das amerikanische Urteil festgestellt wurde, schon vor der Ehelichkeitsanfechtung die deutsche Staatsangehörigkeit besaß[146]. In diesem Zusammenhang mag dahingestellt bleiben, ob die erfolgreiche oder die erfolglose Ehelichkeitsanfechtung dem Kind zum Nachteil gereicht[147].

---

[142] Riezler 520; Stein - Jonas - Schumann, § 328 Anm. I 1 a; K. Müller, ZZP 79, 204.
[143] Beitzke, StAZ 1960, 89.
[144] S. o. C V 3; vgl. dazu BayObLG 1967, 221 f.; a. A. Soergel - Kegel, Art. 18 Randz. 29; Art. 19 Randz. 36.
[145] Beitzke, StAZ 1970, 239, 241.
[146] Beitzke, StAZ 1960, 91.
[147] S. o. C I 3 bei Fußnote 41.

D. Die Legitimation

I. Das interne amerikanische Recht

Da das common law die Legitimation unehelicher Kinder nicht kannte[1], beruht die Möglichkeit der Legitimation ausschließlich auf „statutes". Alle Staaten der USA haben heute solche Gesetze[2].

Im amerikanischen Recht werden Gesetze, die das common law abändern, in der Regel restriktiv ausgelegt; das gilt grundsätzlich auch für die Legitimationsnormen[3]. Deshalb enthalten diese Vorschriften in manchen Staaten einen Satz, der ausdrücklich eine extensive Auslegung des Legitimationsgesetzes fordert[4]. Aber auch in den Staaten, die solche Auslegungsvorschriften nicht kennen, wird der Grundsatz der restriktiven Auslegung für Legitimationsgesetze zugunsten des zu legitimierenden unehelichen Kindes vernachlässigt[5].

Die älteste Art der Legitimation in den common-law-Ländern war die Legitimation durch Parlamentsbeschluß[6]. Sie spielt heute keine Rolle mehr.

Von dem Recht der übrigen US-Staaten unterscheiden sich die Rechte Arizonas und Oregons, wo kraft Gesetzes jedes Kind als ehelich angesehen wird[7].

---

[1] Statute of Merton, 20 Hen. III, ch. 9, 1. Stat. at Large 31 (1235); dazu Blackstone 456; Stone, AcP 160, 526, 532; Taintor, Selected Readings 885/86; s. z. B. Williams v. Kimball, 35 Fla. 49, 16 So. 783 (1895), overruled by Adams v. Sneed, 41 Fla. 151, 25 So. 893 (1899).

[2] Vernier 154; Ester, 36 Ind. L.J. 163, 165 n. 7—29; Taintor, Selected Readings 856/57; Überblick bei Bachmann, StAZ 1950, 210.

[3] In re Wallace's Estate, 197 N.C. 334, 148 S.E. 456, 64 A.L.R. 1121 (1929); Madden 341; dahinter steckt wohl der Gedanke „singularia non sunt extendenda"; vgl. Larenz 329.

[4] Cal. Civ. Code § 230; dazu In re Lund's Estate, 26 Cal. 2d 472, 159 P. 2d 643 (1945).

[5] Vgl. Krause, 44 Tex. L. Rev. 829; Taintor, Selected Readings 889.

[6] Lasok, 10 Int'l & Comp. L.Q. 123; In re Lund's Estate, s. o. Fußnote 4.

[7] Ariz. Rev. Stat. Ann. sec. 14—206 A (1956): „Every child is the legitimate child of its natural parents and is entitled to support and education as if born in lawful wedlock, except that he is not entitled to the right to dwell or reside with the family of his father, if the father is married. It shall inherit from its natural parents und from their kindred heir, lineal and collateral, in the same manner as children born in lawful wedlock. This section shall apply to cases where the natural father of any such child is married to one other than the mother of said child, as well where he is single."

Fortsetzung der Fußnote 7 auf S. 50

Dennoch deckt sich auch dort die Rechtsstellung des nichtehelichen Kindes nicht vollständig mit der des ehelichen Kindes. Deshalb sieht das Recht beider Staaten die Möglichkeit der Legitimation vor.

Alle anderen Gliedstaaten der USA — mit Ausnahme von Kansas? — kennen die Legitimation durch nachfolgende Ehe der Eltern. 17 Staaten fordern allerdings zusätzlich ein Vaterschaftsanerkenntnis[8].

In 20 Staaten gibt es auch die Legitimation allein aufgrund des Vaterschaftsanerkenntnisses[9]. Dieses Anerkenntnis kann teils durch formgebundene Erklärung, teils durch konkludente Handlungen, so z. B. durch Aufnahme des Kindes in die Familie des Vaters erfolgen. Letzteres wird im Gesetz gelegentlich als „adoption" oder „legitimation by adoption" bezeichnet[10]. Aber nach amerikanischer Auffassung handelt es sich hier doch um eine Legitimation, nicht um eine Adoption, auch wenn beide Ausdrücke in den Gesetzen als Synonyme gebraucht werden[11].

Einige Staaten kennen außerdem auch noch die Ehelichkeitserklärung durch ein Gericht[12].

In Louisiana und Puerto Rico gibt es die Anerkennung unehelicher Kinder durch ihre Eltern[13]; dadurch wird eine Rechtsstellung eigener Art geschaffen[14].

Bei allen geschilderten Legitimationsarten ist die Einwilligung des Kindes oder seines Sorgeberechtigten nicht erforderlich[15].

Von der Legitimation ausgeschlossen sind in Louisiana Kinder aus blutschänderischen oder ehebrecherischen Beziehungen[16].

Fortsetzung von Fußnote 7
Ore. Rev. Stat. § 109.060 (Supp. 1963): „The legal status and legal relationships and the rights and obligations between a person and his parents, their descendants and kindred, are the same for all persons, whether or not the parents have been married."
Dazu Krause, 36 U. Chi. L. Rev. 338, 354.

[8] Ester, 36 Ind. L. J. 163, 165/66 n. 7—13.

[9] Ester, 36 Ind. L. J. 163, 167/68 n. 14—24; Annot., 33 A.L.R. 2d 705.

[10] Ester, 36 Ind. L. J. 163, 168 n. 28; Goldstein - Katz 1095, 1134, mit Beispielen von Oklahoma und Kalifornien.

[11] Blythe v. Ayres, 96 Cal. 532, 31 P. 915, 19 L.R.A. 40 (1892); In re Lund's Estate, s. o. Fußnote 4; Annot., 33 A.L.R. 2d 705; Taintor, Selected Readings 865 n. 156 c, 875 n. 200; Wolff, IPR 222.

[12] Ester, 36 Ind. L. J. 163, 168 n. 25; Vernier 181: Georgia, North Carolina, Mississippi, Tennessee.

[13] La. Civ. Code art. 203, 918 et seq.; P. R. Laws Ann. tit. 31 sec. 504 (1954).

[14] Dazu Oppenheim, 19 Tul. L. Rev. 325; Ester, 36 Ind. L. J. 163, 181.

[15] Fladung v. Sanford, 51 Ariz. 211, 75 P. 2d 685 (1938); Allison v. Bryan, 21 Okla. 557, 97 P. 282 (1908); Annot., 33 A.L.R. 2d 705, 742.

[16] Henry v. Jean, 238 La. 314, 115 So. 2d 363; Vorbild ist das französische Recht; s. Madlener 206.

I. Das interne amerikanische Recht

Die Möglichkeit der Legitimation ist nicht auf Minderjährige beschränkt[17]. Andrerseits wird auch die Legitimation eines ungeborenen Kindes durch Vaterschaftsanerkenntnis für möglich gehalten[18].

In Staaten, in denen auf die Anerkennung des Kindes durch den Vater abgestellt ist, wird nicht geprüft, ob der „Vater" der Erzeuger des Kindes ist[19]. Die Legitimation beruht dann allein auf der Anerkennung, nicht auf der Abstammung. Der Nachweis der Nicht-Abstammung kann daher in einigen Rechtsordnungen die durch die Legitimation begründete Ehelichkeit nicht erschüttern[20]. Hier wirkt die Legitimation wie eine Adoption mit erleichterten Bedingungen.

Die anderen Staaten stellen hingegen auf die Abstammung ab[21]. Die Legitimation kann daher durch Ehelichkeitsanfechtung beseitigt werden.

Kinder aus fehlerhaften Ehen sind in der Regel ehelich[22]. Dies gilt aber überwiegend nicht für die durch eine fehlerhafte Ehe „legitimierten" Kinder[23]. In einigen Staaten legitimiert aber auch eine fehlerhafte Ehe der Eltern[24].

Aufgrund der Legitimation im eigentlichen Sinn erhält das Kind die Rechtsstellung eines ehelichen Kindes[25]; es erwirbt ggf. auch die amerikanische Staatsangehörigkeit[26]. Anders verhält es sich bei der Aner-

---

[17] In re Lund's Estate, s. o. Fußnote 4; dazu Annot., 162 A.L.R. 606.
[18] Lavell v. Adoption Institute, 185 Cal. App. 2d 557, 8 Cal. Rptr. 367 (1960).
[19] Annot., 33 A.L.R. 2d 705, 723; In re Dexheimer's Estate, 197 Wis. 145, 221 N.W. 737 (1928); Binns v. Dazey, 147 Ind. 536, 44 N.E. 644 (1896); Small v. State, 226 Ind. 38, 77 N.E. 2d 578 (1948); Selby v. Brenton, 75 Ind. App. 248, 130 N.E. 448 (1921).
[20] Small v. State, s. o. Fußnote 19; Binns v. Dazey, s. o. Fußnote 19; Annot., 33 A.L.R. 2d 705, 751.
[21] Lowtrip v. Green, 363 Mo. 619, 252 S.W. 2d 524 (1952); Edgar v. Dickens, 230 Ark. 7, 320 S.W. 2d 761; Comer v. Comer, 119 Ohio App. 529, 200 N.E. 2d 656 (1962), aff'd 175 Ohio St. 313, 194 N.E. 2d 572 (1963).
[22] S. o. C I 1.
[23] People ex rel. Meredith v. Meredith, 272 App. Div. 79, 69 N.Y.S. 2d 462, aff'd without op., 297 N.Y.S. 692, 77 N.E. 2d 8 (1947); Olmsted v. Olmsted, 190 N.Y. 458, 83 N.E. 569 (1908), aff'd 216 U.S. 386 (1910); In re Moncrief's Will, 235 N.Y. 390, 139 N.E. 555, 27 A.L.R. 1121 (1923).
[24] Arcand v. Fleming, 185 F. Supp. 22 (D. Conn. 1960); In re Ruff's Estate, 159 Fla. 777, 32 So. 2d 840, 175 A.L.R. 370 (1947); In re Chew's Estate, 200 Okla. 317, 193 P. 2d 572 (1948); weitere Nachweise bei Ehrenzweig, Treatise 395.
[25] S. z. B. General Statutes of Conn. sec. 7085 (1949 Revision): „Children born before marriage whose parents afterwards marry shall be deemed legitimate and inherit equally with other children." (Nach Arcand v. Fleming, s. o. Fußnote 24.)
[26] S. BayObLG 1966, 210; gemäß § 17 Nr. 5 RuStAG verliert das Kind damit die deutsche Staatsangehörigkeit.

kennung des Kindes durch den Vater, die nach dem Recht mancher Staaten nur erbrechtliche Wirkungen zeitigt, ohne den Status des Kindes zu ändern und familienrechtliche Beziehungen zwischen Vater und Kind zu schaffen[27].

II. Das amerikanische Kollisionsrecht

1. Die Regelung in North Carolina und Oregon

Soweit ersichtlich, gibt es nur in diesen beiden Staaten gesetzliche Kollisionsnormen für die Legitimation. Sie haben zum Inhalt, daß die in einem fremden Staat in Übereinstimmung mit dem maßgebenden („applicable") Recht erfolgte Legitimation anerkannt wird[28]. Welches Recht maßgebend ist, wird nicht gesagt. Dazu muß das common law herangezogen werden; die „statutes" geben hierüber keine Auskunft.

2. Die Lösungen

a) Das Personalstatut des Vaters

Die Gliedstaaten der USA stützen ihr Kollisionsrecht zu diesem Fragenkreis auf Gerichtsentscheidungen. Ein Teil der zitierten Fälle stammt aus dem internationalen Bereich, so daß diese Rechtsprechung hier unbedenklich verwertet werden kann.

Zur Wahl stehen vier Rechtsordnungen, die als Legitimationsstatut in Betracht kommen. Zum Domizilrecht des Vaters und des Kindes und zur lex fori tritt die lex loci actus. Hinsichtlich des Domizilrechts der

---

[27] S. z. B. N.D. Cent. Code § 56—01—05 (1960) s. u. Fußnote 81; Pfeiffer v. Wright, 41 F. 2d 464 (10th Cir. 1930), 73 A.L.R. 941 (1931); Goodrich - Scoles 286/87; Cal. Prob. Code § 255: „Every illegitimate child is an heir of his mother, and also of the person who, in writing ..., acknowledges himself to be the father, and inherits his of her estate ... in the same manner as if he had been born in lawful wedlock; but he does not represent his father by inheriting any part of the estate of the father's kindred, either lineal or collateral, unless, before his death, his parents shall have intermarried, and his father, after such marriage, acknowledges him as his child, or adopts him into his family; in which case such child is deemed legitimate for all purposes of succession ..." (Nach Foote - Levy - Sander 32).

[28] Ore. Rev. Stat. sec. 111, 231 (1967); N. C. Gen. Stat. sec. 29—18 (1966): „A child born an illegitimate who shall have been legitimated in accordance with G.S. 49—10 or in accordance with the applicable law of any other jurisdiction, and the heirs of such child, are entitled by succession to property by, through and from his father and mother and their heirs the same as if born in lawful wedlock ..."

Beteiligten ist zu berücksichtigen, daß das uneheliche Kind ein Domizil hat, das nicht mit dem des Vaters identisch ist[29].

Das Personalstatut des Vaters oder des Kindes im Zeitpunkt der Geburt des Kindes ist von vornherein unbeachtlich[30].

Aus den gleichen Gründen und in Übereinstimmung mit der Kollisionsregel für die eheliche Abstammung wird auf das Personalstatut des Elternteils abgestellt, zu dem eine Legitimation geltend gemacht wird[31]. Abgesehen von der Sonderregelung in Louisiana und Puerto Rico, wo auch die Mutter das uneheliche Kind anerkennen muß, handelt es sich also immer um das Personalstatut des Vaters.

Dieser Grundsatz kann nicht ausschließliche Geltung beanspruchen. Bei der Legitimation erscheint ein Abweichen von dem Prinzip, daß nur das Domizilrecht des legitimierenden Elternteils diesem Pflichten auferlegen kann, deshalb gerechtfertigt, weil bei der Legitimation der Elternteil der aktive Teil ist. Unternimmt also der Vater Schritte, um sein uneheliches Kind zu legitimieren, so muß er nicht mehr durch sein Heimatrecht geschützt werden[32]. Man kann dann unterstellen, daß der Vater mit seinem Legitimationsakt auf diesen Schutz verzichtet.

b) *Das Personalstatut des Kindes*

Mit dieser Überlegung wird Raum für die Anwendung des Heimatrechts des Kindes auf die Legitimation. Einige Gerichte sind so verfahren, was in der Literatur auf Zustimmung stieß[33].

c) *Die lex loci actus*

Vereinzelt sahen die Gerichte sogar davon ab, sich auf das Heimatrecht eines der Beteiligten zu beziehen, sondern folgten der lex loci actus[34].

---

[29] S. o. B II 4.
[30] Rabel - Drobnig 615 n. 84.
[31] Beale 711/12; Stumberg 334; Restatement 2d, Tent. Draft No. 4, § 140; Taintor, Selected Readings 851, 855; Loring v. Thorndike, 5 Allen 257 (Mass. 1862); Blythe v. Ayres, 96 Cal. 532, 31 P. 915, 19 L.R.A. 40 (1892); Eddie v. Eddie, 8 N.C. 376, 79 N.W. 856 (1899); Irving v. Ford, 183 Mass. 448, 67 N.E. 366 (1903); In re Presley's Estate, 113 Okla. 160, 240 P. 89 (1924); Doty v. Vensel, 190 Okla. 461, 124 P. 2d 982 (1942); Skeadas v. Sklaroff, 84 R.I. 206, 122 A. 2d 444 (1956), stay granted, 351 U.S. 171, cert. denied, 351 U.S. 988 (1956).
[32] Taintor, Selected Readings 859.
[33] Green v. Kelley, 228 Mass. 602, 605, 118 N.E. 235, 238 (1918); In re Moretti's Estate, 16 D. & C. 715, 719 (Pa. 1932); Goodrich - Scoles 284; Stumberg 335; Donahue et al., 38 B.U.L. Rev. 299, 313; Taintor, Selected Readings 852; noch a. A.: Rabel - Drobnig 617 n. 96, 619 n. 105.
[34] Munro v. Munro, 1 Scots. App. (Rob) 492 (H.L. 1840), erwähnt bei Ester, 36 Ind. L. J. 174 n. 59, und bei Goodrich - Scoles 284 n. 21; Smith v. Mitchell, 185 Tenn. 57, 202 S.W. 2d 979 (1947); Goodrich - Scoles 284; Ehrenzweig, Treatise 394; a. A.: Restatement 2d, Tent. Draft No. 4, § 140, comment c.

Soweit zur Legitimation durch Ehelichkeitserklärung die Mitwirkung eines Gerichts erforderlich ist, versteht sich die Geltung der lex loci actus (= lex fori) von selbst, da bei diesem Verfahren die amerikanischen Gerichte immer ihr eigenes Recht anwenden, wenn sie einmal ihre „jurisdiction" bejaht haben.

„Jurisdiction" nehmen sie nach der traditionellen Lehre aber nur an, wenn einer der Beteiligten sein Domizil im Forumstaat hat. Die lex loci actus wäre also dann identisch mit dem Personalstatut einer der Parteien.

Daß es sich bei den Entscheidungen nach der lex loci actus nicht um belanglose Ausnahmen von der Regel handelt, ergibt sich aus der Unterstützung, die diese These im Schrifttum gefunden hat[35].

d) Die lex fori

Der Endpunkt dieser Entwicklung wurde mit der Entscheidung „In re Lund's Estate" erreicht[36]. In diesem Fall wurden legitimierende Akte nach der lex fori als ausreichend beurteilt, weil bzw. obwohl diese Akte nach dem Personalstatut des Vaters oder des Kindes oder nach der lex loci actus für eine Legitimation nicht ausreichten. Das Oberste Gericht von Kalifornien, das im Kollisionsrecht der USA eines der führenden Gerichte ist, verlieh damit der Meinung Ausdruck, legitimierende Akte sollten unabhängig von Zeitpunkt und vom Ort der Vornahme wirksam sein.

e) Das günstigste Recht

Bei derart auseinandergehenden Ansichten über das maßgebliche Recht ist es nicht möglich, eine allgemeingültige Norm aufzustellen. Die wechselnde Berufung auf das Personalstatut der Eltern, des Kindes, das Recht des Vornahmeortes und das Recht des Forums verrät, daß das jeweilige Gericht bei der Fallentscheidung auf das Ergebnis abstellte. Es wurde nicht das eine oder andere Recht gewählt, weil das nach den

---

[35] S. o. Fußnote 34.

[36] In re Lund's Estate, 26 Cal. 2d 472, 159 P. 2d 643 (1945); ebenso: Colpett v. Cheatham, 267 P. 2d 1003 (Okla. 1954); In re Bassi's Estate, 234 Cal. App. 2d 529, 44 Cal. Rptr. 541 (1st Dist. Ct. App. 1965); vgl. Wolf v. Gall, 32 Cal. App. 286, 163 P. 346 (1916); Hall v. Gabbert, 213 Ill. 208, 72 N.E. 806 (1904); In re Engelhardt's Estate, 272 Wis. 275, 75 N.W. 2d 631 (1956); In re Crowell's Estate, 124 Me. 71, 126 A. 178 (1924); zustimmend Stumberg 335; Ehrenzweig, Treatise 394; a. A.: In re Presley's Estate, s. o. Fußnote 31; Rabel - Drobnig 616 n. 88. Der Wechsel wird deutlich beim Vergleich der 3. und der 4. Auflage des Lehrbuchs von Goodrich. Goodrich, 3rd ed., 436 n. 8, konnte den Lund-Fall nur schwer erklären („difficult to explain"). In der 4. Auflage wird von Scoles eingeräumt (S. 284): „Many other courts have been moved to analogous results".

Kollisionsnormen des Forums geboten war, sondern weil die im konkreten Fall gewählte Rechtsordnung die Legitimation ermöglichte[37].

Dies bestätigt die Theorie von *Cavers,* der schon 1933 gefordert hatte[38], bei der Suche nach dem anwendbaren Recht auf den Inhalt der zur Auswahl stehenden Rechtsordnung zu sehen; die Rechtsordnung sei heranzuziehen, die zu der sachlich richtigen Entscheidung führt. Bei der Anwendung der Vorbehaltsklausel würde ohnehin so verfahren, weil da die Rechtswahl offen vom Inhalt der in Frage kommenden Rechtsnorm abhängig gemacht werde. Was die amerikanischen Juristen als angemessene Entscheidung in Legitimationssachen ansehen, ergibt sich aus dem Vorhergehenden. In Rechtsprechung und Lehre ist die Befreiung eines Kindes vom Stigma der Nichtehelichkeit von großer Bedeutung[39]. Diese Tendenz läßt sich mit dem Schlagwort „in favorem legitimationis" zusammenfassen. Die Parallele zu *Ehrenzweigs* „rule of validation"[40] liegt auf der Hand. Diese Regel soll für Rechtsgeschäfte schlechthin, insbesondere für Verträge gelten. Auf die Eheschließung angewandt, besagt sie, daß eine Ehe nur dann nicht wirksam ist, wenn alle beteiligten Rechtsordnungen (lex loci celebrationes, Personalstatut zur Zeit der Eheschließung, Personalstatut jetzt) sie für unwirksam halten. Solange eine dieser Rechtsordnungen die Wirksamkeit der Ehe bejaht, ist die Ehe vom Forum als wirksam anzusehen. Dahinter steckt der Gedanke, dem Willen der Parteien sei möglichst Geltung zu verschaffen: Haben die Parteien ein Rechtsgeschäft vorgenommen, dann wollten sie bei Vornahme des Geschäfts in der Regel, daß dieses Geschäft dem Recht unterstellt wird, nach dem das Geschäft wirksam ist. Soweit auf die Erwartungen der Parteien abgestellt wird, ist das Prinzip bei Schuldverträgen berechtigt. Im Familienrecht begegnen ihm aber Bedenken, da das zur Parteiautonomie auf diesem Gebiet führt.

Es ist abzusehen, daß sich mehr Staaten dem Trend anschließen werden, das dem Kind günstigste Recht als Legitimationsstatut zu wählen. Diese Prognose gilt jedenfalls für Entscheidungen, in denen die Legitimation die Vorfrage für einen zivilrechtlichen Anspruch (z. B. Erbrecht) ist. Ungewiß ist dagegen die Haltung eines amerikanischen Gerichts, das über die Legitimation als Vorfrage für den Erwerb der amerikani-

---

[37] So schon 1937: Note, 46 Yale L.J. 1054; s. auch Annot., 162 A.L.R. 628; vgl. In re Spano's Estate, 49 N.J. 263, 229 A. 2d 645 (1967): dazu Leflar, 1968/69 Annual Survey of American Law 56.
[38] Cavers, 47 Harv. L. Rev. 173.
[39] S. o. C Fußnote 67; Krause, 44 Tex. L. Rev. 829; Scoles - Weintraub 360.
[40] Ehrenzweig, Treatise 378; dazu Gamillscheg, RabelsZ 1964, 149 ff. Kossich v. United Fruit Co., 365 U.S. 731, 741 (1941); vgl. für das deutsche Recht Simitis, StAZ 1969, 10 ff.; Lauterbach - Braga, Kindschaftsrecht 149 ff.

schen Staatsangehörigkeit zu befinden hat. Hier ist wegen der Möglichkeit des Mißbrauchs der Ehelicherklärung sogar mit einer legitimationsfeindlichen Rechtswahl zu rechnen.

3. Die Vaterschaft

Die Vaterschaft ist gemäß dem Legitimationsstatut festzustellen[41]. Denn über die sehr unterschiedlichen Anforderungen (Abstammungs- oder Anerkennungsprinzip), die an den Nachweis der Vaterschaft bei der Legitimation gestellt werden, kann nur das Legitimationsstatut selbst entscheiden.

4. Die Gültigkeit der legitimierenden Ehe

Nach dem Legitimationsstatut, einschließlich seiner Kollisionsnormen, bestimmt sich, ob die Ehe, auf die sich die Legitimation stützt, wirksam ist[42]. Damit bestimmen letztlich die Sachnormen des Eheschließungsortes über die Gültigkeit der Ehe. Die legitimierende Wirkung der Ehe beurteilt sich hingegen nach dem Legitimationsstatut[43].

Allerdings ist hinsichtlich der Ehe neben der lex loci celebrationis die „public policy" des Forums zu beachten[44]. An sich fällt eine Trauung als „public act" unter die „full faith and credit"-Klausel der Bundesverfassung[45]. Die bisher erlassenen Ausführungsgesetze zu dieser Verfassungsvorschrift betreffen aber die Eheschließung nicht. Da nach common law der Charakter einer Eheschließung als „public act" keineswegs feststeht — die common-law-Ehe selbst ist jedenfalls kein „public act" —, wurde die „full faith and credit"-Klausel in diesem Bereich bisher nicht angewandt[46]. Das Forum kann die Wirksamkeit einer Ehe nach eigenen Maßstäben beurteilen[47]. Musterbeispiel für diese Praxis ist New York.

---

[41] Rabel - Drobnig 622.

[42] Vgl. Moore v. Saxton, 90 Conn. 164, 96 A. 960 (1916) für diese Frage beim Problem der ehelichen Geburt.

[43] Annot., 73 A.L.R. 941, 952.

[44] Olmsted v. Olmsted, 216 U.S. 386, 30 S. Ct. 292 (1910); Fuhrhop v. Austin, 385 Ill. 149, 52 N.E. 2d 267 (1944); Stumberg 334.

[45] U.S. Const. art. IV, § 1: „Full faith and credit shall be given in each State to the public acts, records, and judicial proceedings of every other State. And the Congress may by general laws prescribe the manner in which such acts, records and proceedings shall be proved, and the effect thereof."

[46] Ehrenzweig, Treatise 177 n. 31.

[47] In re Bruington's Estate, 160 Misc. 34, 289 N.Y.S. 725 (Sur. Ct. 1936); Note, 46 Yale L.J. 1049; Rabel - Drobnig 625.

5. Die Anerkennung der Legitimation und die Legitimationswirkungen

a) Das legitimierte Kind

Kann bei der Rechtswahl keine Rechtsordnung einen Anspruch auf ausschließliche Geltung beanspruchen, dann muß sich das bei der Anerkennung von in anderen Staaten vorgenommenen Legitimationen auswirken.

Mit Sicherheit wird eine in Übereinstimmung mit dem Personalstatut des Vaters vorgenommene Legitimation in allen US-Staaten anerkannt werden.

Die übrigen Anknüpfungspunkte, die neben dem Domizil des Vaters Bedeutung erlangt haben, weil sie eine dem Kind günstige Entscheidung ermöglichten, werden dann berücksichtigt, wenn das mit der Praxis in dem Staat übereinstimmt, in dem um die Anerkennung nachgesucht wird. Das erfordert eine Prüfung der Rechtsprechung des betreffenden Staates, wobei ältere Entscheidungen vernachlässigt werden können.

Wird die Legitimation anerkannt, genießt das in einem fremden Staat legitimierte Kind den gleichen Status wie ein im Anerkennungsstaat legitimiertes Kind[48], obwohl dies von der „full faith and credit"-Klausel nicht verlangt wird[49]. Da somit Verfassungsrecht in diesen Bereich nicht hineinwirkt, spielt die Frage, ob die Legitimation in einem Schwesterstaat oder in einem ausländischem Land stattfand, keine Rolle.

Legitimationen mit rein erbrechtlicher Bedeutung unterliegen einer anderen Regelung. Trotz der „rule of validation" für Legitimationen wird einer Legitimation mit ausschließlich erbrechtlichen Wirkungen in einem dritten Staat nicht die Bedeutung einer Legitimation im familienrechtlichen Sinn verliehen[50]. Ändert also eine „Legitimation" im erbrechtlichen Sinn den Personenstand des Kindes nicht, findet sie in einem dritten Staat keine Anerkennung[51]. Eine derartige Legitimation wird nur dann wirksam, wenn das Legitimationsstatut mit dem Erbstatut des Vaters bzw. seiner Verwandten identisch ist.

Unter diesem Gesichtspunkt ist auch die Stellung unehelicher Kinder von Vätern aus Arizona und Oregon zu sehen. In diesen Staaten genie-

---

[48] Restatement § 141.
[49] Note, 46 Yale L.J. 1049; vgl. oben Fußnote 44.
[50] von Mehren - Trautmann 205; In re Lund's Estate, 26 Cal. 2d 472, 159 P. 2d 643 (1945).
[51] Pfeiffer v. Wright, 41 F. 2d 464 (10th Cir. 1930), 73 A.L.R. 932 (1931); Goodrich - Scoles 286/87.

ßen die nichtehelichen Kinder fast die gleiche Stellung wie eheliche Kinder[52]. Für einen dritten Staat handelt es bei dieser Ausgestaltung des Status um Wirkungen der Nichtehelichkeit, die für ihn nicht verbindlich sind. Außerhalb von Arizona und Oregon werden also nichteheliche Kinder aus den beiden Staaten als nichtehelich behandelt, ohne daß es dazu einer Berufung auf die „public policy" des Forums bedarf. Andrerseits steht einer Legitimation dieser Kinder nichts entgegen[53].

b) Das anerkannte natürliche Kind

Die Anerkennung eines nichtehelichen Kindes durch seinen Vater verleiht dem Kind in Louisiana und Puerto Rico nahezu die Rechtsstellung eines ehelichen Kindes[54]. Der Status des anerkannten natürlichen Kindes paßt nicht in das common-law-System, das nur eheliche und nichteheliche Kinder kennt, wobei anerkannte nichteheliche Kinder in den common-law-Staaten zum Teil auch ein Erbrecht im Verhältnis zum Vater haben. Da Louisiana und Puerto Rico neben dem anerkannten natürlichen Kind auch das legitimierte Kind kennen, werden die ersteren in anderen Staaten, die sich durch die Bezeichnung irreführen lassen, den nichtehelichen Kindern zugerechnet[55]. Die Stellung der anerkannten natürlichen Kinder verschlechtert sich daher in den common-law-Staaten. Richtig ist es dagegen, auf die Rechtsstellung selbst zu sehen, nicht auf die Bezeichnung. Dann muß aber ein in Louisiana oder in Puerto Rico anerkanntes nichteheliches Kind in den übrigen US-Staaten als legitimiert behandelt werden[56].

c) „Public policy"

Auf diesem Gebiet spielt der ordre public nur eine geringe Rolle, auch wenn hinsichtlich der Legitimation von Kindern aus ehebrecherischen oder blutschänderischen Beziehungen Meinungsverschiedenheiten

---

[52] S. o. D Fußnote 7.

[53] Rabel - Drobnig 621; Nussbaum 172 Fußnote 6.

[54] La. Civ. Code art. 203, 918 et seq.; P. R. Laws Ann. tit. 31, sec. 504 (1954); Oppenheim, 19 Tul. L. Rev. 325; Ester, 36 Ind. L. J. 163, 181.

[55] Restatement § 120, comment b; Beale 712; Succession of Petit, 49 La. Ann. 625, 21 So. 717 (1897); In re Vincent's Estate, 189 Misc. 489, 494, 71 N.Y.S. 2d 165, 170 (Surr. Ct. 1947); In re Tomacelli-Filomarino's Estate, 189 Misc. 410, 73 N.Y.S. 2d 297 (Surr. Ct. 1947); Lopes v. Downey, 334 Mass. 161, 134 N.E. 2d 131 (1956); Robles v. Folsom, 239 F. 2d 562 (2d Cir. 1956).

[56] Clark, J., in Robles v. Folsom, 239 F. 2d 562, 567 (2d Cir. 1956) (dissenting); In re Slater's Estate, 195 Misc. 713, 90 N.Y.S. 2d 546 (Surr. Ct. 1949); In re Spano's Estate, s. o. Fußnote 37; Ester, 36 Ind. L.J. 182/83; Comment, 57 Colum. L. Rev. 580; Taintor, Selected Readings 858, 876/77; Restatement 2d, Tent. Draft No. 4, § 120, im Gegensatz zum ersten Restatement, s. o. Fußnote 55.

innerhalb der verschiedenen US-Staaten bestehen. Von dem Gedanken, daß durch die Verweigerung der Legitimation außereheliche Beziehungen verhindert werden könnten, ist man abgekommen[57].

III. Die internationale Zuständigkeit deutscher Gerichte

1. Die Legitimation durch nachfolgende Ehe

Bei dieser Art der Legitimation treten die Legitimationswirkungen unmittelbar kraft Gesetzes ein, so daß eine zusätzliche Handlung des Gerichts nicht erforderlich ist.

Die Frage, ob eine solche Legitimation in Amerika stattgefunden hat, kann inzidenter vom deutschen Gericht entschieden werden. Für Inzidententscheidungen gibt es keine ausschließliche Zuständigkeit[58]. Anders kann es aber aussehen, wenn die Legitimation unmittelbar streitbefangen ist, obwohl auch da in der deutschen Rechtsprechung keine Bedenken bestehen, eine Entscheidung zu fällen[59]. Nach deutschem Prozeßrecht wirkt die Rechtskraft der Feststellung, ob ein eheliches Kindschaftsverhältnis vorliegt, gegen jedermann. Um dieses Ergebnis auch für den in erster Linie betroffenen Vater und dessen Heimatstaat zu gewährleisten, rät *Beitzke*[60], die internationale Zuständigkeit deutscher Gerichte nur dann zu bejahen, wenn das Urteil auch vom Legitimationsstatut anerkannt werden wird. Da es in den Vereinigten Staaten auf diesem Gebiet ein Statusurteil nicht gibt, wirkt dort die Rechtskraft des Urteils nur zwischen den Parteien. Eine weitergehende Wirkung wird auch einem ausländischen Urteil nicht beigelegt. Eine Anerkennung des deutschen Urteils hinsichtlich der Parteien ist dann möglich, wenn das deutsche Gericht „personal jurisdiction" hatte[61]. Die Parteien müssen also persönlich vor Gericht oder in Deutschland geladen worden sein oder ein deutsches Domizil haben (Domizil im amerikanischen Sinn) oder die deutsche Staatsangehörigkeit besitzen. Eine dieser Voraussetzungen muß im deutschen Statusverfahren gemäß §§ 640 ff. ZPO vorliegen, so daß das deutsche Gericht immer „jurisdiction" hat. Damit steht der Anerkennung in den Vereinigten Staaten

---

[57] Ehrenzweig, Treatise 395; s. aber o. D bei Fußnote 47.
[58] Beitzke, Kraus-Festschrift 26.
[59] KG, OLGRspr. 26, 242; KG, DR 1939, 247; OLG Dresden, JW 1920, 660; OLG Düsseldorf, HRR 1938, 839; LG München II, NJW 1951, 278 mit ablehnender Anm. von Beitzke.
[60] Beitzke, Kraus-Festschrift 27.
[61] Peterson 93 ff.; Ehrenzweig - Louisell 19 et seq.; dazu eine neue Analyse: von Mehren - Trautmann, 79 Harv. L. Rev. 1121; vgl. u. E II 2.

aus Gründen der Zuständigkeit nichts entgegen. Das Erfordernis, das Urteil müsse vom Legitimationsstatut anerkannt werden, bringt also im Verhältnis zu den USA keine zusätzliche Voraussetzung, so daß auf die Berechtigung von Beitzkes Forderung hier nicht einzugehen ist[62].

Falls für das legitimierte Kind in Deutschland ein Geburtenbuch geführt wird, muß ein Randvermerk betreffs der Legitimation eingetragen werden. Bevor diese Eintragung erfolgen kann, muß bei ausländischem Legitimationsstatut gemäß § 31 II PStG das Vormundschaftsgericht festgestellt haben, daß das Kind durch die Eheschließung der Eltern ehelich geworden ist. Das Verfahren gemäß § 31 II PStG ist immer dann durchzuführen, wenn durch die Legitimation die Eintragung in einem deutschen Register betroffen ist; das bedeutet, daß eine Feststellung durch das Vormundschaftsgericht erforderlich ist, wenn das legitimierte Kind im Inland geboren ist, § 31 I 1 PStG, oder wenn die Eltern im Inland die legitimierende Ehe eingehen, § 15 I Nr. 2 PStG. Da es bei diesem Verfahren um die Mitwirkung des Vormundschaftsgerichts bei der Registerführung geht, folgt hier die Zuständigkeit des Vormundschaftsgerichts der Zuständigkeit des Standesbeamten[63].

Gemäß § 30 PStG i. V. mit § 45 II PStG ist auch die internationale Zuständigkeit deutscher Gerichte gegeben, wenn es um die Feststellung der Legitimationswirkung eines Anerkenntnisses geht[64]. Das Gleiche gilt in den Fällen, in denen das Heimatrecht des Vaters nicht zwischen ehelichen und nichtehelichen Kindern unterscheidet[65].

Daneben kann sich die Zuständigkeit des Vormundschaftsgerichts aufgrund der Tatsache ergeben, daß das Kind bis zur Legitimation unter deutscher Vormundschaft stand. Denn diese kann nicht ohne förmliche Feststellung der Legitimation aufgehoben werden, § 1883 BGB[66].

Dagegen ist die Zuständigkeit des Vormundschaftsgerichts nicht dadurch begründet, daß das legitimierte Kind einen Erbschein beantragen will[67].

2. Die Legitimation durch Ehelicherklärung

Hierfür ist in Deutschland das Vormundschaftsgericht durch die §§ 1723, 1740 a BGB berufen. Seine internationale Zuständigkeit folgt

---

[62] Vgl. u. E. III 3.
[63] S. o. C Fußnote 74.
[64] KG, StAZ 1966, 204 f.; OLG Hamm, StAZ 1969, 340 ff.
[65] LG Köln, IPRspr. 1962—63 Nr. 114; a. A. AG Hof-Rehau, IPRspr. 1962—63 Nr. 118.
[66] Dazu Schwenn, Internationales Familienrecht 366.
[67] KG, OLGRspr. 42, 103.

der in § 43 a FGG geregelten örtlichen Zuständigkeit[68]. Danach genügt auch bei einem ausländischen Vater dessen inländischer Wohnsitz oder Aufenthalt, um die internationale Zuständigkeit des Vormundschaftsgerichts zu begründen. Schwierigkeiten ergeben sich dann, wenn die Gerichte des Legitimationsstatuts die ausschließliche Zuständigkeit beanspruchen[69]. Ist deutsches Recht infolge Rückverweisung auf die Ehelicherklärung anwendbar, ist die internationale Zuständigkeit des deutschen Gerichts unproblematisch. Verweist jedoch das durch Art. 22 I EG berufene amerikanische Recht nicht zurück, z. B. weil es an das amerikanische Domizil des (amerikanischen) Vaters anknüpft, muß sich das deutsche Gericht damit auseinandersetzen, daß die deutsche Ehelicherklärung wegen fehlender „jurisdiction" vom Legitimationsstatut nicht anerkannt wird. Viele Autoren verneinen in einem solchen Fall die deutsche Zuständigkeit[70]. Hierin kann aber eine Rechtsschutzverweigerung liegen, weshalb nicht auf die Anerkennung durch das Legitimationsstatut abzustellen ist[71]. Die internationale Zuständigkeit des deutschen Gerichts hängt also nur vom Vorliegen der örtlichen Zuständigkeit ab.

IV. Das deutsche Kollisionsrecht

1. Art. 22 I EG

Ist der Vater des zu legitimierenden Kindes deutscher Staatsangehöriger, ist gemäß Art. 22 I EG deutsches Recht für die Legitimation maßgebend. Ist der Vater Angehöriger eines ausländischen Staates, so ist das Recht dieses Staates heranzuziehen, Art. 22 I analog. Dieses Ergebnis, das allgemein anerkannt ist[72], läßt sich auch aus Art. 22 II EG herleiten. Denn die Vorschrift geht davon aus, daß bei ausländischer Staatsangehörigkeit des Vaters ein ausländisches Recht Legitimationsstatut ist[73].

---

[68] Kegel, IPR 382.
[69] Für die USA s. Neuhaus, DRechtsZtg. 1949, Beih. 9, 8; vgl. für Deutschland Jansen, II § 43 a Randz. 11.
[70] § 43 a Anm. 16; Palandt - Lauterbach, Art. 22 Anm. 4b; Beitzke, Kraus-Festschrift 23, mit weiteren Nachweisen.
[71] Kegel, IPR 383; Beitzke, FamRZ 1967, 603; diese Frage ist hier nur von geringer praktischer Bedeutung. Bei der Adoption ergibt sich das gleiche Problem; dazu ausführlich u. E III 3.
[72] Kegel, IPR 375; Hoening 19 Fußnoten 2 u. 3 mit weiteren Nachweisen; Hoening, a.a.O., hält den allseitigen Charakter von Art. 22 I für Gewohnheitsrecht. Vgl. für die allseitige Geltung des Art. 22 I betreffs der Adoption: RG 125, 265 ff.; OLG Celle, JZ 1954, 702; BayObLG 1956, 287; Rings 54 f.; Lingens 3 ff.; Krusch, Internationales Familienrecht 407.
[73] RG 125, 265 ff. (betrifft Adoption).

Das durch Art. 22 I EG berufene Recht entscheidet über die Voraussetzungen (z. B. Eheschließung der Eltern) und über die Wirkungen (z. B. Namensänderung) der Legitimation[74].

2. Die Qualifikation

Welche ausländischen Institute unter den Begriff der Legitimation des Art. 22 fallen, ist eine Frage der Qualifikation[75]. Diese richtet sich im Grundsatz nach den Kollisionsnormen der lex fori[76], hier also nach deutschem internationalen Privatrecht. Ist die ausländische Legitimation in Voraussetzungen und Wirkungen identisch mit der Legitimation des BGB, besteht kein Zweifel, daß sie zum Anwendungsbereich des Art. 22 gehört[77]. Daß geringfügige Abweichungen nicht ins Gewicht fallen, folgt daraus, daß es kaum ein ausländisches Recht geben wird, das mit dem deutschen Recht identisch ist[78]. Es müssen also nur die wesentlichen Merkmale einer Legitimation nach deutschem Recht in dem durch Art. 22 I berufenen ausländischen Recht vorliegen[79]. Maßstab sind die §§ 1719 ff. BGB. Dabei ist weiter zu berücksichtigen, daß neben der Legitimation auch eine Annahme an Kindes Statt von Art. 22 I vorgesehen ist, so daß der Begriff der Legitimation nicht zu weit gefaßt werden darf. Erforderlich ist die — ggf. nur fiktive — Abstammung des Kindes von dem Legitimierenden einerseits und die Herstellung des ehelichen Kindschaftsverhältnisses andrerseits. Wenn in manchen US-Staaten ein Vater sein nichteheliches Kind durch Aufnahme in seinen Haushalt „adoptiert", so liegt eine Legitimation im Sinne des Art. 22 I EG vor[80]. Wenn aber ein nichteheliches Kind aufgrund der Anerkennung seines Vaters „legitimiert" wird[81], durch die

---

[74] Schwenn, Internationales Familienrecht 362; zu den einzelnen Fragen s. die folgenden Abschnitte.

[75] Dazu allgemein Neuhaus, Grundbegriffe 65.

[76] Neuhaus, Grundbegriffe 73 ff., 77; Firsching, Erbfälle 41 ff.; BGHZ 29, 137, 139; abweichend BGHZ 44, 121, 124.

[77] Neuhaus, Grundbegriffe 77 f.

[78] Hoening 50 f.; Neuhaus, Grundbegriffe 77.

[79] Hoening 52.

[80] Wolff, IPR 222.

[81] S. o. D I am Ende; vgl. N. D. Cent. Code § 56—01—05 (1960): „Inheritance by child born out of wedlock. — Every child born out of wedlock is an heir of the person who in writing signed in the presence of a competent witness acknowledges himself to be the father of such child. In all cases such child is an heir of his mother. He inherits the father's or mother's estate, in whole or in part, as the case may be, in the same manner as if he had been born in lawful wedlock. He, however, does not represent his father or mother by inheriting any part of the estate of the kindred of his father or mother, either lineal or collateral, unless before his death his parents shall have

Anerkennung jedoch keine familienrechtliche Beziehungen zwischen Vater und Kind hergestellt werden, sondern nur ein gesetzliches Erbrecht daraus resultiert, dann ist das nach deutscher Auffassung keine Legitimation[82].

3. Die Rückverweisung

Da Art. 22 I als einseitige Kollisionsnorm formuliert ist, ist er in Art. 27 EG nicht aufgeführt. Es besteht aber kein Grund, bei Art. 22 I — als allseitige Kollisionsnorm verstanden — eine Rück- und Weiterverweisung nicht zuzulassen[83]. Dagegen spricht für die Beachtlichkeit eines Renvois, daß dadurch die internationale Entscheidungsharmonie gefördert wird. Dieses Ergebnis wird von Art. 27 für die allseitig formulierten Kollisionsnormen angestrebt. Folglich ist auch bei Art. 22 I eine Rück- und Weiterverweisung durch das ausländische Kollisionsrecht zu beachten.

Entsprechend der uneinheitlichen Praxis in Amerika[84] ist es schwierig, eine Verweisung auf das deutsche Recht durch das gemäß Art. 22 I berufene amerikanische Recht festzustellen. Eine Rückverweisung ist jedenfalls dann gegeben, wenn der Vater sein Domizil, im amerikanischen Sinn verstanden, in Deutschland hat[85]. Hinsichtlich der anderen Anknüpfungspunkte (Kindesdomizil, Vornahmeort, Forum) ist Vorsicht geboten. Eine Rückverweisung kann in solchen Fällen nur angenommen werden, wenn die Gerichte des betreffenden amerikanischen Gliedstaates tatsächlich eine derartige Rechtswahl vornehmen würden. Dazu muß die einschlägige interlokalrechtliche Rechtsprechung geprüft werden; deren Grundsätze lassen sich dann auf internationalprivatrechtliche Sachverhalte übertragen; eigene Kollisionsnormen für international-privatrechtliche Fälle im Gegensatz zu den interlokalrechtlichen Fällen gibt es auf diesem Gebiet nicht[86].

---

intermarried and his father after such marriage shall have acknowledged him as his child or adopted him into his family." Dazu Michaelson v. Undhjem, 162 N.W. 2d 861 (N.D. 1968): Die zitierte Vorschrift ist verfassungswidrig, weil sie uneheliche Kinder benachteiligt und somit gegen die „equal protection"-Klausel verstößt.
[82] Hoening 53; Hoening 53 Fußnote 11, will in einem solchen Fall das Heimatrecht des Vaters in entsprechender Anwendung von Art. 20 EGBGB heranziehen.
[83] Raape, IPR 380; s. z. B. AG Lauf, IPRspr. 1960—61 Nr. 110.
[84] S. o. E II.
[85] BayObLG, FamRZ 1968, 105, 106.
[86] S. o. C Fußnote 33 und D II 2 a.

4. Art. 22 II EG

a) Die erforderlichen Einwilligungen

Bei der Legitimation eines nichtehelichen deutschen Kindes ist Art. 22 II dann zu beachten, wenn die Legitimation durch Ehelicherklärung erfolgt; bei einer Legitimation durch nachfolgende Ehe der Eltern sind Einwilligungen der in Art. 22 II vorgesehenen Art nicht erforderlich.

Bei der Legitimation durch Ehelicherklärung verlangt § 1726 I 1 BGB die Einwilligungen von Mutter und Kind. Die von § 1726 I 2 BGB geforderte Einwilligung der Ehefrau des Vaters fällt nicht unter Art. 22 II EG, da in einem solchen Fall das Kind nicht in einem familienrechtlichen Verhältnis zur Ehefrau des Vaters steht.

b) Die Bedeutung des Art. 22 II EG

Ob Art. 22 II als allseitige Kollisionsnorm auch zugunsten ausländischer Kinder angewendet werden sollte, ist sehr umstritten[87]. Der Standpunkt der Rechtsprechung[88], daß Art. 22 II als Ausnahmevorschrift für deutsche Kinder nicht analog für ausländische Kinder heranzuziehen sei, wird von der Lehre überwiegend abgelehnt. Teils hält man im Schrifttum Art. 22 II generell für anwendbar[89], teils nur dann, wenn Vater und Kind verschiedenen ausländischen Staaten angehören[90].

Für diese Arbeit ist vor allem die Legitimation deutscher unehelicher Kinder durch ihre amerikanischen Väter von Bedeutung. Dieser Fall ist in Art. 22 II EG ausdrücklich geregelt. Verhältnismäßig selten wird ein deutsches Gericht den umgekehrten Fall zu beurteilen haben: daß ein uneheliches amerikanisches Kind von seinem deutschen Vater legitimiert werden soll. Noch seltener wird es sich sowohl beim Kind als auch beim Vater um Amerikaner handeln. In dem Fall der Legitimation des Amerikaners durch den deutschen Vater ist § 1726 BGB ohnehin als Teil des Legitimationsstatuts anzuwenden. Sind hingegen Vater und Kind Amerikaner, bleibt es bei der Anwendung amerikanischen Rechts. Sieht das Legitimationsstatut, auf das Art. 22 I verweist, das Heimatrecht des Kindes als für die Legitimation maßgebend an, erübrigt sich der Streit um Art. 22 II. Aber auch sonst ist die Streitfrage, ob Art. 22 II analog gilt, für deutsch-amerikanische Fälle nicht relevant, da in den Vereinigten Staaten keine Rechtsordnung ersichtlich ist, die

---

[87] Art. 22 II nur für deutsche Kinder anwendbar: Wolff, IPR 221; Art. 22 II auch für ausländische Kinder anwendbar: Kegel, IPR 376; Rabel - Drobnig 618. Übersicht über die Diskussion bei Hoening 25 ff.

[88] RGZ 125, 265 ff.

[89] Kegel, IPR 376; weitere Nachweise bei Hoening 26 Fußnote 4.

[90] Raape, IPR 390; weitere Nachweise bei Hoening 25 Fußnote 3.

die Einwilligung des Kindes oder seiner Verwandten fordert[91]. Für die hier behandelten Fälle ist die Analogie zu Art. 22 II EG also bedeutungslos.

5. Die Nichtehelichkeit des Kindes

Für dieses Problem gilt das Gleiche, was oben bereits zur Frage, wer Ehemann der Mutter im Sinne des Art. 18 EG ist, ausgeführt wurde[92]. Als Erstfrage untersteht die Prüfung der Nichtehelichkeit deutschem Kollisionsrecht[93]. Art. 18 EG (analog) gibt die Rechtsordnung an, nach der die Nichtehelichkeit des Kindes festzustellen ist. Ergibt die Prüfung gemäß der durch Art. 18 berufenen Rechtsordnung, daß das Kind nichtehelich ist, kann eine Legitimation erfolgen. Kennt das nach Art. 18 maßgebende Recht einen Unterschied zwischen Ehelichkeit und Nichtehelichkeit nicht (Arizona, Oregon), dann ist anhand deutschen Rechts zu prüfen, ob das Kind ehelich ist. Wird das Kind nach deutschem Recht als nichtehelich angesehen, muß ihm die Möglichkeit der Legitimation offenstehen[94]. Deutsches Recht wird hier als lex loci actus herangezogen.

6. Die Abstammung

Nach deutschem materiellen Recht können nur die Eltern das Kind legitimieren.

Wer Mutter des nichtehelichen Kindes ist, steht immer außer Zweifel. Allerdings gilt zu beachten, daß in Louisiana, entsprechend dem französischen Recht, ein Rechtsverhältnis zwischen Mutter und nichtehelichem Kind nur dann besteht, wenn die Mutter ihr Kind anerkannt hat[95]. Die einschlägige Kollisionsnorm ist Art. 20 EG. Inwieweit ein solches Anerkenntnis für die Legitimation erforderlich ist, bemißt sich nach dem Legitimationsstatut.

Wichtiger ist die Frage, wer als Vater des Kindes anzusehen ist. Je nachdem, ob das Anerkennungs- oder das Abstammungsprinzip herrscht, sind die Nachweise für die Vaterschaft in unterschiedlichem Maß erforderlich. Eine ausdrückliche Kollisionsnorm fehlt hierfür im deutschen Recht. Art. 21 EG regelt nur die Frage, welche Rechtsord-

---

[91] S. o. D Fußnote 15.
[92] S. o. C IV 2.
[93] Raape, IPR, S. 382; Henrich, StAZ 1969, 141, 146; AG Hamburg, IPRspr. 1964—65 Nr. 150; Lauterbach - Braga, Kindschaftsrecht 138 mit weiteren Nachweisen; a. A.: OLG Hamm, IPRspr. 1960—61 Nr. 115.
[94] AG Heidenheim, IPRspr. 1960—61 Nr. 120 (Ungarn); vgl. AG Erlangen, IPRspr. 1968—69 Nr. 145; Hoening 78, hält eine Legitimation dann für unzulässig, wenn das Kind nach den Rechten beider Eltern als ehelich angesehen wird.
[95] Krause, 36 U. Chi. L. Rev. 338, 345 n. 31.

nung über die Unterhaltspflicht des nichtehelichen Vaters entscheidet. Der Anwendungsbereich des Art. 21 ist so eng, daß eine Analogie zu Art. 21 für die vorliegende Frage ausscheidet. Näher liegt die entsprechende Anwendung von Art. 20[96]. Dann hätte das Heimatrecht des angeblichen Vaters darüber zu entscheiden, ob das Kind tatsächlich von diesem Mann abstammt. Zu dem gleichen Ergebnis kommt man auch über Art. 22 I EG. Die Analogie zu Art. 20 erübrigt sich, wenn man die Frage der Abstammung neben einer etwa notwendigen Anerkennung dem Legitimationsstatut unterstellt.

Das von Art. 22 I berufene Recht entscheidet somit auch über die Vaterschaft desjenigen, der ein nichteheliches Kind legitimieren will[97].

7. Die Ehe der Eltern

Hier stehen zwei Alternativen zur Wahl:

Bei selbständiger Anknüpfung beurteilt sich die Wirksamkeit der Ehe nach den von Art. 11 und 13 EG berufenen Rechtsordnungen, bei unselbständiger Anknüpfung entscheidet darüber das Kollisionsrecht des Legitimationsstatuts. Selbständige und unselbständige Anknüpfung können durchaus zu abweichenden Ergebnissen führen. Falls das amerikanische Recht Legitimationsstatut ist, würde dessen Kollisionsrecht hinsichtlich der Ehe auf die lex loci celebrationis verweisen. Das deutsche Kollisionsrecht stellt hingegen auf das Personalstatut der Ehegatten ab. Die herrschende Meinung knüpft hier selbständig an, d. h. über Art. 11 und 13 EG[98]. Dabei muß man aber in Kauf nehmen, daß das Legitimationsstatut möglicherweise zu einem anderen Ergebnis kommt. Eine spätere Korrektur des Ergebnisses ist geboten, wenn die Ehe bei selbständiger Anknüpfung unwirksam ist. In einem solchen Fall ist das Legitimationsstatut daraufhin zu prüfen, ob eine derart fehlerhafte Ehe legitimierende Wirkung haben kann[99]. Mit anderen Worten: Ob eine Ehe fehlerhaft ist, ergibt sich anhand der nach Art. 11 und 13 maßgeblichen Rechte; welche Folgen diese Ehe für den Status des Kindes hat, sagt die von Art. 22 I EG berufene Rechtsordnung.

---

[96] So Hoening 80.

[97] Raape, IPR 382; Palandt - Lauterbach, Art. 22 Anm. 4a; Lauterbach - Braga, Kindschaftsrecht 139.

[98] Henrich, StAZ 1969, 141, 147; Kegel IPR 380; Raape, IPR 382; Erman - Marquordt, Art. 22 Anm. 2 b, bb; OLG Hamm, Rpfleger 1954, 640, mit ablehnender Anm. von Firsching, OLG Hamm, FamRZ 1959, 28 = IPRspr. 1960—61 Nr. 115; AG Hamburg, StAZ 1966, 205; AG Hamburg, IPRspr. 1960—61 Nr. 122; LG Hamburg, StAZ 1962, 253; Dorenberg 83; a. A.: LG Köln, MDR 1953, 488; Serick, RabelsZ 1956, 235.

[99] Henrich, StAZ 1969, 141, 147; im Ergebnis ebenso die in Fußnote 98 angegebene Mindermeinung.

8. Die fehlerhafte Legitimation

Haften der Legitimation irgendwelche Mängel an, so sind zwei Fälle zu unterscheiden:

Wurde gegen das Legitimationsstatut verstoßen, entscheidet über die Folgen des Verstoßes das Legitimationsstatut.

Geht es hingegen darum, daß das legitimierte Kind nicht von dem angeblichen Vater abstammt, ist möglicherweise wie bei der Ehelichkeitsanfechtung eines ehelich geborenen Kindes zu verfahren; die durch Art. 18 EG berufene Rechtsordnung wäre maßgebend[100]. Eine unmittelbare Anwendung des Art. 18 EG verbietet sich allerdings nach dem Wortlaut der Vorschrift. Diese Kollisionsnorm betrifft nur die Ehelichkeit eines Kindes, dessen Mutter bei der Geburt dieses Kindes verheiratet war[101]. Einer Analogie zu Art. 18 begegnen folgende Bedenken: Die Legitimation unterläge nicht einem einzigen Statut, weil für die Ehelichkeitsanfechtung die Sonderanknüpfung des Art. 18 II EG zu beachten ist. Überdies stellt sich die Frage nach dem wahren Vater nur bei einem Legitimationsstatut, das dem Abstammungsprinzip folgt. Für Rechtsordnungen, die streng nach dem Anerkennungsgrundsatz verfahren, ist die Frage nach der Abstammung bedeutungslos. Aus der Sicht des Abstammungsprinzips, um das es hier folglich nur geht, gehört die Vaterschaft zu dem von Art. 22 I EG erfaßten Bereich. Hat die Mutter nicht den Erzeuger des Kindes geheiratet, kann das Kind nicht legitimiert werden[102]. Die Mängel einer Legitimation bemessen sich also einheitlich nach dem Legitimationsstatut.

9. Der ordre public

Daß eine Legitimation gemäß amerikanischem Recht gegen den deutschen ordre public verstößt, ist bisher, soweit ersichtlich, noch nicht vorgekommen. Auch die Legitimationen, die auf dem Anerkennungs- und nicht auf dem Abstammungsprinzip beruhen, sind trotz § 134 BGB i. V. mit § 169 StGB für das deutsche Recht tragbar. Zwar können dadurch die Adoptionsnormen umgangen werden, insbesondere die Vorschriften, die die Einwilligung des Kindes betreffen (Art. 22 II EG, § 1719 BGB statt § 1741 BGB)[103]. Diese Möglichkeit rechtfertigt nicht ein Eingreifen der Vorbehaltsklausel, solange die Unrichtigkeit des Aner-

---

[100] OLG Karlsruhe, StAZ 1969, 160 f., mit ablehnender Anm. von D. Müller.
[101] D. Müller, StAZ 1969, 163; BGH 43, 218; OLG Karlsruhe, StAZ 1969, 163.
[102] Vgl. Lauterbach - Braga, Kindschaftsrecht 142 f.
[103] S. zu der Frage, was Gegenstand der Umgehung ist, Staudinger - Firsching, Art. 11 Randz. 145 mit Nachweisen.

kenntnisses nicht offensichtlich ist[104]. Auch nach deutschem Sachrecht kann jemand als Vater gelten, obwohl er nicht der Erzeuger des Kindes ist[105]. Das öffentliche Interesse an Feststellung der wirklichen Abstammung wird heute vernachlässigt[106].

Ist die Unrichtigkeit des Anerkenntnisses offenkundig, handelt es sich nach deutscher Vorstellung nicht um eine Legitimation. Art. 22 I EG ist jedoch entsprechend anzuwenden. Im Hinblick auf Art. 22 II muß § 1600 c BGB im Wege der Angleichung herangezogen werden[107].

Die Legitimation durch den Nicht-Erzeuger wirft ein weiteres Problem auf, wenn die Rechtswirkung der Legitimation durch Nachweis der Nicht-Vaterschaft leicht beseitigt werden kann[108]. Eine Legitimation, deren Bestand derart wenig gesichert ist, steht im Widerspruch zu dem Bestreben, den Personenstand des Kindes möglichst nicht oder jedenfalls nur unter bestimmten Kautelen zu ändern. Bei der Legitimation durch einen Nicht-Erzeuger muß deshalb geprüft werden, welche Bestandskraft diese Legitimation hat. Steht es nur im Belieben des „Vaters" die Legitimation und ihre Wirkungen jederzeit wieder zu beseitigen, so verstößt dies gegen den deutschen ordre public.

Weiterhin muß sich das deutsche Kollisionsrecht mit dem Verbot der Legitimation von Kindern aus blutschänderischen und ehebrecherischen Beziehungen auseinandersetzen. Bisher wurde vor allem im Schrifttum vorgebracht, daß durch ein derartiges Verbot der deutsche ordre public verletzt würde[109]. Ein neueres Urteil des Bundesgerichtshofes kommt zu dem gleichen Ergebnis[110]: Zu dem von Art. 30 EGBGB geschützten Bereich gehöre auch Art. 6 V GG. Ein derartiges Legitimationsverbot verstoße aber gegen die genannte Verfassungsnorm. Der Entscheidung des Bundesgerichtshofes ist zuzustimmen, weil sie ein weiterer Schritt

---

[104] AG Hamburg, IPRspr. 1964—65 Nr. 151; Jayme 131; ebenso für den Fall der offensichtlichen Nichtvaterschaft: AG Achern, IPRspr. 1960—61 Nr. 119; AG Koblenz, IPRspr. 1960—61 Nr. 116; LG Weiden, IPRspr. 1964—65 Nr. 152; LG Freiburg, JZ 1956, 253 f., mit zustimmender Anmerkung von Schwoerer; Schwoerer, StAZ 1953, 147 f.; OLG Celle, NJW 1971, 2132 ff.

[105] Firsching, DNotZ 1970, 465; §§ 1600 a S. 1, 1. Alternative, 1600 f. BGB, dazu ist aber gemäß § 1600 c I BGB die Einwilligung des Kindes nötig.

[106] Das Familienrechtsänderungsgesetz 1961 (BGBl. I 1221) beseitigte das Recht der Staatsanwaltschaft, die Ehelichkeit eines Kindes anzufechten; dazu vor allem BT-Drucks. 1958 Nr. 530, S. 14.

[107] Vgl. Soergel - Kegel, Art. 22 Randz. 14.

[108] Vgl. LG Memmingen, JZ 1957, 28.

[109] LG Frankfurt, RabelsZ 1955, 341 mit Anm. von Neuhaus; OLG Celle, StAZ 1967, 210; Krüger - Breetzke - Nowack, S. 213; a. A.: OLG Celle, FamRZ 1955, 54 = NJW 1954, 1891; OLG Frankfurt, NJW 1956, 672; OLG Frankfurt, StAZ 1969, 154, 157; BGHZ 42, 7, 13, 14, 41, 147.

[110] BGH, StAZ 1969, 10 = NJW 1969, 369 mit Anm. von Simitis in StAZ, a.a.O.

IV. Das deutsche Kollisionsrecht

beim Abbau der Diskriminierung des nichtehelichen Kindes ist; das entspricht der Forderung des Art. 6 V GG, die im Geltungsbereich des Grundgesetzes verbindlich ist[111]. Wie immer bei der Anwendung der Vorbehaltsklausel ist zu beachten, daß eine Inlandsbeziehung vorliegen muß[112]. Diese Inlandsbeziehung darf sich nicht darauf beschränken, daß ein deutsches Gericht Forum ist.

---

[111] So Simitis, s. o. Fußnote 110.
[112] Darauf weisen der BGH und Simitis besonders hin, s. o. Fußnote 110.

E. Die Adoption

I. Das interne amerikanische Recht

Das common law kannte die Adoption nicht[1]. In allen US-Staaten besteht aber heute aufgrund von Gesetzen die Möglichkeit der Adoption[2]. In den meisten Staaten wird die Adoption auf Antrag durch eine gerichtliche Verfügung bewirkt; in allen Staaten ist jedenfalls die Mitwirkung eines Gerichts unerläßlich[3].

In den Voraussetzungen für eine Adoption weichen die Regelungen der einzelnen Staaten sehr voneinander ab[4]. Gelegentlich ist nur die Adoption Minderjähriger möglich; manchmal wird ein Altersunterschied zwischen Annehmenden und Anzunehmenden von mindestens zehn Jahren gefordert[5]. Einige Staaten lassen die Adoption des eigenen unehelichen Kindes nicht zu[6]; hier bleibt die Möglichkeit der Legitimation.

Weitaus die meisten Erfordernisse einer Adoption sind nicht gesetzlich festgelegt, sondern stehen im Ermessen des Gerichts[7]. Dabei spielen Charakter, Heim, Erziehung und Vermögen des Annehmenden eine große Rolle. Annehmender und Anzunehmender sollen der gleichen

---

[1] Humphreys v. Polak (1901) 2 K.B. 385; Brooks v. Blount (1923) 1 K.B. 257; Jones, 5 Int'l & Comp. L.Q. 207/08.

[2] Madden 355; Vernier 279.

[3] Comment, 59 Yale L.J. 715, 725; Goodrich - Scoles 288; Madden 358; Ryan - Granfield 545; vgl. auch Gündisch, FamRZ 1957, 199, 200; Randzio 79; Wimmer 7; es gibt einen Uniform Adoption Act, der aber nur in Montana und in Oklahoma Gesetzeskraft erlangt hat.

[4] Vernier 279 et seq; zur Erwachsenenadoption Annot., 21 A.L.R. 3d 1013; vgl. auch Randzio 77 ff.; s. z. B. BayObLG 1968, 336 f. (Minnesota).

[5] S. z. B. Cal. Civ. Code § 222, abgedruckt bei Goldstein - Katz 841.

[6] Vernier 286 et seq.

[7] S. z. B. Cal. Civ. Code § 226 b: „Notwithstanding ... withdrawal or dismissal by the petitioner, the court may retain jurisdiction over the child for the purpose of making such order or orders for its custody as the court may deem to be in the best interests of the child" (abgedruckt bei Goldstein-Katz 842).

9 N.J. Stat., ch. 3—27 C (1958 Supp.): „If from the report and the evidence presented the court shall be satisfied that the best interests of the child would be promoted by the adoption, the court shall enter a judgment of adoption" (Nach Goldstein - Katz 1151).

Konfession und Rasse angehören⁸. Das Gericht bedient sich zur Klärung all dieser Fragen der Hilfe der Sozialbehörden⁹.

In vielen Staaten wird die Adoption zunächst als vorläufige und erst nach einer Frist als endgültige verfügt. (interlocutory-final decree)¹⁰ Typischerweise stellt ein amerikanisches Adoptionsgesetz das adoptierte Kind einem ehelichen Kind gleich, wobei in der überwiegenden Zahl der Staaten alle Bindungen zu der natürlichen Familie des Kindes gelöst werden¹¹.

Daneben gibt es aber auch Gesetze, aufgrund derer durch die „adoption" nur ein gesetzliches Erbrecht begründet wird¹². Aufgrund der Adoption durch einen Amerikaner erwirbt das ausländische Kind nicht die amerikanische Staatsangehörigkeit¹³.

Unter der Bezeichnung „adoption" kann sich auch eine Legitimation verbergen¹⁴.

Ebenso wie bei der Legitimation¹⁵ erhebt sich die Frage nach der Auslegung der „statutes". Da im common law die Adoption unbekannt war, ändern die einschlägigen Gesetze das common law und müßten daher restriktiv ausgelegt werden¹⁶. Dagegen spricht aber der Gesichtspunkt, daß die Adoption in der Regel wünschenswert ist. Manche Gesetze fordern daher selbst eine extensive Auslegung¹⁷. Im übrigen verfährt die Rechtsprechung so ohne besondere Ermächtigung¹⁸. Kurios ist die Argumentation einiger Gerichte, der Grundsatz der engen Auslegung für das common law ergän-

---

⁸ Broeder - Barrett, 38 Neb. L. Rev. 641; Pfeiffer, 35 B.U.L. Rev. 333; Petitions of Goldman, 331 Mass. 647, 121 N.E. 2d 843 (1954).
⁹ Vgl. z. B. New York Domestic Relations Law § 112 (5).
¹⁰ S. Bachmann, StAZ 1955, 36, 37.
¹¹ Clad - Halstead - Crocker 54; Selected Essays 375; Infausto - Shanley, 1 Fam. L.Q. 10, 19; Madden 363; In re Masterson's Estate, 45 Wash. 48, 87 P. 1047 (1906); In re Bryant's Adoption, 189 N.E. 2d 593 (App. Ct. Ind. 1963); In re Garey's Estate, 214 Cal. App. 2d 39, 29 Cal. Rptr. 98 (1963); Nickel v. Gall, 218 A. 2d 427 (N.J. 1966); a. A.: In re Levy's Estate, 141 So. 2d 803 (Dist. Ct. App. Fla. 1962).
¹² In Texas gab es z. B. diese Art der Adoption: Harle v. Harle, 204 S.W. 317 (Tex. 1918), reversing 166 S.W. 674 (Tex. Civ. App. 1914); s. aber jetzt: Preusse v. McLerran, 282 S.W. 293 (Tex. Civ. App. 1926); vgl. Stumberg 338.
¹³ S. BayObLG 1956, 288.
¹⁴ S. o. D I.
¹⁵ S. o. D I.
¹⁶ So einige ältere Entscheidungen: Furgeson v. Jones, 17 Ore. 204, 20 P. 842 (1888); Bresser v. Saarmann, 112 Iowa 720, 84 N.W. 920 (1901); Appeal of Woodward, 81 Conn. 152, 70 A. 453 (1908).
¹⁷ S. z. B. N.J. Stat. Ann. 9: 3—33; Holloway v. Jones, 246 S.W. 587 (Mo. Super. 1922).
¹⁸ Dies betrifft geringfügige Verstöße gegen das „adoption statute". Bei schwerwiegenden Mängeln wird verschiedentlich versucht, dem Kind mit Hilfe des „estoppel"-Gedanken zu helfen, s. u. E II 3.

zende „statutes" könne hier schon deshalb nicht gelten, weil das common law dadurch nicht geändert, sondern um eine neue Institution bereichert werde[19].

II. Das amerikanische Kollisionsrecht

1. „Jurisdiction"

a) Das Problem

Zur Durchführung einer Adoption in den Vereinigten Staaten ist immer die Mitwirkung eines Gerichts erforderlich. Für Amerikaner steht deshalb am Beginn der kollisionsrechtlichen Erörterung die Frage, welches Gericht für eine Adoption international oder interlokal zuständig ist, welches Gericht „judicial jurisdiction" hat[20]. Erst nach Beantwortung dieser Frage ist zu klären, welches materielle Recht das Gericht anwendet.

b) Die Lösungen

In erster Linie bestimmt das Adoptionsgesetz über die Zuständigkeit. Meist wird hier an das Domizil oder an den gewöhnlichen Aufenthalt („residence") des Annehmenden angeknüpft[21]. Damit ist aber noch nicht geklärt, ob auch das Kind im Forumstaat domiziliert sein muß und ob auch „jurisdiction" über die natürlichen Eltern des Kindes im Forumstaat gegeben sein muß.

Die Adoption ändert den Status der Beteiligten. Da im amerikanischen Recht angenommen wird, daß der Domizilstaat das größte Interesse am Status seiner Bürger und allein Macht über seine Bürger hat, ist der Domizilstaat berufen, die Adoption durchzuführen.

Leben aber die beteiligten Personen in verschiedenen Staaten muß eine Wahl getroffen werden. Zu den beteiligten Personen gehören der Annehmende, der Anzunehmende und dessen Eltern. Solange das anzunehmende Kind minderjährig ist, teilt es in der Regel das Domizil seiner Eltern[22]. Nur wenn das Kind von seinen Eltern „verlassen" („abandonned") worden ist, d. h. wenn die Eltern nach deutscher Terminologie das Sorgerecht verloren haben, kann das Kind ein eigenes Domizil haben; es teilt nämlich dann das Domizil desjenigen, der

---

[19] Seibert v. Seibert, 170 Iowa 561, 153 N.W. 160; In re Havsgord, 34 S.D. 131, 147 N.W. 378; Annot., 16 A.L.R. 1020, 1024.
[20] Graveson, 28 Brit. Y. B. Int'l L. 273.
[21] Ehrenzweig, Treatise 85; Restatement 2d, Tent. Draft No. 4, § 142; D.C. Code (1961) bei Ryan - Granfield 550 et seq.; Appeal of Woodward, 81 Conn. 152, 70 A. 453 (1908): Adoption am Domizil des Annehmenden, Kind anwesend; Randzio 86 f. mit Nachweisen.
[22] S. o. B II 4.

„custody" hat. Liegt ein solcher Fall vor, sind die Eltern von der Mitwirkung an der Adoption ausgeschlossen; ihre Zustimmung ist nicht erforderlich[23]. Daraus folgt, daß es immer nur auf das Domizil des Annehmenden oder auf das Domizil des Anzunehmenden, ggf. also das Domizil seiner Eltern, ankommen kann.

Im Gegensatz zur ehelichen Abstammung wird von der herrschenden Meinung bei der Adoption das Personalstatut des Kindes dem des Annehmenden vorgezogen[24]. Dies deshalb, weil in der Neuzeit die Adoption allein im Interesse des Kindes erfolgt[25]. Ein weiterer Grund ist, ebenso wie bei der Legitimation[26], daß die Adoption ein Tätigwerden des Annehmenden voraussetzt. Wird dieser aber einmal aktiv, dann braucht er nicht den Schutz seines Domizilrechts. Ihm steht frei, sich in den Heimatstaat des Kindes zu begeben und sich dem dortigen Recht zu unterwerfen, um die Adoption vorzunehmen. Hat das Domizil des Kindes also Vorrang, weil das Kind als besonders schutzbedürftig erscheint, so liegt es auf der Hand, daß das abgeleitete Domizil eines Kindes keine befriedigende Lösung ist. Da es sich um ein Domizil im rechtstechnischen Sinn handelt, ist es ohne weiteres möglich, daß das Kind in einem anderen Staat lebt[27]. Der Schutz durch den Domizilstaat, d. h. die Fürsorge von dessen Behörden einerseits, das Vertrautsein mit dessen Recht andererseits, ist dann eine Illusion. Realistischer ist es, auf den gewöhnlichen Aufenthalt („residence") abzustellen[28]. Die hergebrachte Lehre von der Zuständigkeit des Domizilstaates des Kindes krankt aber noch an einem weiteren Mangel: In der Praxis verläuft in den Vereinigten Staaten eine Adoption so, daß das Kind schon vor Abgabe des Antrags auf eine entsprechende gerichtliche Verfügung bei dem Annehmenden lebt; ja, die Gesetze verlangen oft sogar eine Probezeit, bevor sie den Adoptionsbeschluß erlassen[29]. Bis dahin behält

---

[23] Clad - Halstead - Crocker 57/58.
[24] Wolf's Appeal, 13 A. 760 (Pa. 1888); Von Matre v. Sankey, 148 Ill. 536, 36 N.E. 628 (1893); Succession of Caldwell, 114 La. 195, 38 So. 140 (1905); Fisher v. Browning, 107 Miss. 729, 66 So. 132 (1914); Portman v. Mobley, 158 Ga. 269, 123 S.E. 695 (1924); In re Thompson's Adoption, 290 Pa. 586, 139 A. 737 (1927); Jensen v. Sorensen, 211 Iowa 354, 233 N.W. 717 (1930); Greene v. Willis, 47 R.I. 251, 133 A. 659 (1946); In re Smith's Estate, 36 Cal. App. 2d 456, 195 P. 2d 842 (1940); In re Blalock, 233 N.C. 493, 64 S.E. 2d 848 (1951).
[25] Stumberg 338; s. zur Geschichte der Adoption Dölle, Familienrecht 563 ff.
[26] Taintor, Selected Readings 859.
[27] S. o. B den in Fußnote 50 geschilderten Fall.
[28] Stearns v. Allen, 183 Mass. 404, 67 N.E. 349 (1903): Das Kind befand sich in Massachusetts, sein Domizil lag in Schottland. Das Adoptionsverfahren konnte in Massachusetts stattfinden. Rizo v. Burruel, 23 Ariz. 137, 202 P. 234, 19 A.L.R. 823 (1921), hierzu kritisch Beale 716; Taylor v. Collins, 172 Ark. 541, 289 S.W. 466 (1927); Rabel - Drobnig 683.
[29] Nachweise bei Randzio 79 Fußnote 8.

das Kind sein bisheriges Domizil, die Beziehungen des Kindes zu seinem Domizil sind aber schon weitgehend abgebrochen. Tatsächlich kann sich dann der Domizilstaat des Annehmenden besser um das Kind kümmern, weshalb viele Gerichte der Meinung sind, dieser Staat habe in Adoptionssachen „jurisdiction"[30]. Außerdem ist noch einmal darauf hinzuweisen, daß die Ansicht, nur der Domizilstaat sorge sich in ausreichendem Maße um das Wohl des Kindes, anachronistisch ist[31].

Soweit die Gerichte auf das Domizil eines der Beteiligten abstellen, nehmen sie — meist stillschweigend — „in rem jurisdiction" in Anspruch[32]. Die „res" ist dann der Status des Kindes, des Annehmenden oder gar das Kind selbst. Hierüber besteht keine Klarheit[33]. Im Gegensatz zur „jurisdiction in personam" ist bei „in rem jurisdiction" das Gericht selbst dann zuständig, wenn nicht alle Beteiligten der Gerichtsbarkeit des Forums unterliegen. Praktisch wirkt sich der Unterschied so aus, daß bei „in rem jurisdiction" über die Rechte der natürlichen Eltern entschieden werden kann, ohne daß diese persönlich geladen sind oder ihr Domizil im Forumstaat haben oder freiwillig vor Gericht erscheinen; denn bei „in rem jurisdiction" genügt Ladung durch Aushang[34]. Ohne Kenntnis der Eltern kann auf diese Weise das Eltern-Kind-Verhältnis beendet werden. Das verletzt aber den Anspruch der Eltern auf rechtliches Gehör, der durch die „due process"-Klausel der Bundesverfassung gewährleistet wird[35]. Muß sich jedoch das Gericht die „jurisdiction" im Einklang mit dieser Verfassungsnorm sichern, wird die „in rem jurisdiction" bedeutungslos. Denn was nützt die Begrün-

---

[30] Nugent v. Powell, 4 Wyo. 173, 33 P. 23 (1893); In re William's Estate, 102 Cal. 70, 36 P. 407 (1894); Appeal of Woodward, 81 Conn. 152, 70 A. 453 (1908); Yockey v. Marion, 269 Ill. 342, 110 N.E. 34 (1915); Hopkins v. Gifford, 309 Ill. 363, 141 N.E. 178 (1923); Miller v. Bode, 80 Ind. App. 338, 139 N.E. 456 (1923); Hurley v. St. Martin, 283 Mass. 415, 186 N.E. 596 (1933); In re Perkins, 234 Mo. App. 716, 117 S.W. 2d 686 (1938); In re Mendelsohn's Adoption, 180 Misc. 147, 39 N.Y.S. 2d 384 (Surr. Westchester 1943); In re Pratt, 219 Minn. 414, 18 N.W. 2d 147 (1945); Commonwealth v. Teitelbaum, 160 Pa. Super. 286, 50 A. 2d 713 (1947); Welch v. Welch, 208 Miss. 726, 45 So. 2d 353 (1950); Haney v. Knight, 78 A. 2d 643 (Md. 1951).

[31] Rabel - Drobnig 683; Goodrich - Scoles 289.

[32] Ehrenzweig - Louisell 63; Ehrenzweig, Treatise 86/87; Das Domizil begründet für den Domizilierten „personal jurisdiction", s. Milliken v. Meyer, 311 U.S. 457, 61 S. Ct. 339, 132 A.L.R. 1357 (1940); das Gleiche gilt für „residence", s. Allen v. Superior Court, 41 Cal. 2d 306, 359 P. 2d 905 (1953); s. o. D III 1; dazu kritisch von Mehren - Trautmann, 79 Harv. L. Rev. 1121.

[33] Peterson, S. 44 f., 93; Ehrenzweig, Treatise 86; Taintor, 15 U. Pitt. L. Rev. 250.

[34] Ehrenzweig, Treatise 87.

[35] U.S. Const. amend. XIV, § 1; dazu Armstrong v. Manzo, 380 U.S. 545 (1965); Ehrenzweig - Louisell 72/73; Lenhoff, RabelsZ 1954, 224 ff.; Peterson 92; vgl. Note, 70 Col. L. Rev. 465, für den verfassungsrechtlichen Schutz des elterlichen Personensorgerechts.

II. Das amerikanische Kollisionsrecht 75

dung eines Status durch das Gericht, das „jurisdiction in rem" hat, wenn die natürlichen Eltern des Kindes wegen Verletzung der „due process"-Klausel nicht an den Adoptionsbeschluß gebunden sind. Folglich verliert das Domizil seine Bedeutung als alleiniger Anknüpfungspunkt für die interlokale und internationale Zuständigkeit. Ein alle Beteiligten bindender Beschluß kommt eben nur zustande, wenn das Gericht „personal jurisdiction" über alle Beteiligten hat, d. h. über den Annehmenden, das Kind und seine Eltern bzw. seinen „custodian"[36]. Die Erfordernisse der jeweiligen Adoptionsgesetze dürfen dabei nicht übersehen werden[37]. Damit behält die oft erwähnte Entscheidung „Brown v. Hall" auch heute ihre Bedeutung[38].

Eines zusätzlichen Korrektivs von der Art des „forum non conveniens"-Prinzips bedarf es dagegen nicht[39]. Dieses Prinzip bedeutet, daß das eigentlich zuständige Gericht sich aus bestimmten Gründen für ungeeignet hält, sei es, weil der Beklagte oder die Zeugen in einem anderen Staat leben, sei es, weil in der Hauptsache fremdes Recht anzuwenden ist, oder weil die Durchsetzbarkeit der Entscheidung nicht gewährleistet ist, usw. „Forum non conveniens" betrifft die Zuständigkeit bei „personal jurisdiction" und zwar nur die konkurrierende Zuständigkeit. Das Prinzip betrifft nicht die Rechtswahl[40]. Es wird in Adoptionsfällen nicht herangezogen[41].

Es ist festzuhalten, daß eine ausschließliche Zuständigkeit nicht besteht[42].

Hat das Gericht seine Zuständigkeit bejaht, wendet es auf die Adoption die lex fori an[43]. Deshalb hat die Frage der „jurisdiction" für das

---

[36] Taintor, 15 U. Pitt. L. Rev. 222, 250; Goodrich - Scoles 289; Ehrenzweig - Louisell 72; Restatement 2d, Tent. Draft No. 4, § 142 im Gegensatz zu Restatement (1st) § 142; von Mehren - Trautmann 206; Cheatham - Griswold - Reese - Rosenberg 901. Auf die „Belegenheit des Status" am Domizil des Kindes kommt es also gar nicht an.
[37] S. o. E Fußnote 21.
[38] Brown v. Hall, 385 Ill. 260, 52 N.E. 2d 781 (1944): Erwachsenenadoption, beide Beteiligte waren nicht in Iowa domiziliert, wollten aber dort auf der Durchreise eine Adoption vornehmen. Das Gericht in Illinois erachtete die Begründung der Zuständigkeit in Iowa für fraudulös und verweigerte der Adoption seine Anerkennung.
[39] So aber Wengler, NJW 1959, 127, 130.
[40] Ehrenzweig - Louisell 82 et seq.; Restatement 2d, Prop. Off. Draft I, § 84; mißverständlich Hanisch, NJW 1966, 2085, 2090 f.
[41] Dazu Ehrenzweig, Treatise 404; Gündisch, FamRZ 1961, 353.
[42] Restatement 2d, Tent. Draft No. 4, § 142; In re Smith's Estate, 36 Cal. App. 2d 456, 195 P. 2d 842 (1940); Goodrich - Scoles 288; dazu kritisch Jones, 5 Int'l & Comp. L.Q. 207, 209/10.
[43] Ganz unbestritten: Ehrenzweig, Treatise 402; Rabel - Drobnig 681; Restatement 2d, Tent. Draft No. 4, § 142, comment b; Hanisch, NJW 1966, 2085, Fußnote 12 mit Nachweisen; BGH, IPRspr. 1960—61 Nr. 128; vgl. Graveson, 28 Brit. Y.B. Int'l L. 273.

amerikanische interlokale und internationale Privatrecht eine so überragende Bedeutung. Eine kumulative Anwendung des Personalstatuts des Annehmenden und oder des Kindes neben der lex fori wird nicht erwogen[44].

2. Die Anerkennung einer ausländischen Adoption

Für einige Staaten liegen gesetzliche Regelungen der Anerkennung ausländischer Adoptionen vor[45]. Im übrigen gilt auch hier der Grundsatz, daß die durch das zuständige Gericht bewirkte Adoption in den Schwesterstaaten anerkannt wird[46].

Verfassungsrechtlich ist die Anerkennung der Adoption durch Hoheitsakt aufgrund der „Full faith and credit"-Klausel der Bundesverfassung geboten[47]. Im internationalen Bereich ist diese Vorschrift dagegen nicht anwendbar[48]. Solange nicht schwerwiegende Gründe dagegen sprechen[49], werden auch ausländische Adoptionsbeschlüsse in den USA anerkannt[50]. Ob das ausländische Gericht das nach amerikanischer Ansicht richtige Recht angewandt hatte, spielt dabei an sich keine Rolle. Eine besonders willkürliche Rechtswahl durch das ausländische Gericht kann aber der Anerkennung im Wege stehen[51], während andrerseits die den amerikanischen Vorstellungen entsprechende Rechtswahl durch das ausländische Gericht dazu führt, daß die ausländische Entscheidung anerkannt wird, obwohl die „jurisdiction" des ausländischen Gerichts zweifelhaft war[52].

---

[44] Abw. das englische Recht, s. Dopffel, RabelsZ 1957, 251 f.; jetzt: Adoption Act 1968, Current Law Statutes Annotated 1968 c. 53.

[45] S. Wengler, NJW 1959, 127 Fußnote 8, für Kalifornien; vgl. auch Heldrich 103 ff.

[46] S. z. B. Restatement 2d, Tent. Draft No. 4, § 143; sehr kritisch zu dieser Frage Ehrenzweig, Private Int'l Law 131; vgl. für den englischen Rechtskreis Dopffel, RabelsZ 1957, 220, 247.

[47] Hood v. McGehee, 237 U.S. 611 (1915); s. o. D Fußnote 45 mit Text der „Full faith and credit"-Klausel (U.S. Const. art. IV, § 1); vgl. Lenhoff, RabelsZ 1954, 202 f.

[48] Zu den Unterschieden zwischen der Anerkennung von Entscheidungen aus Schwesterstaaten und der Anerkennung von ausländischen Entscheidungen s. von Mehren - Trautmann, 81 Harv. L. Rev. 1605—1607.

[49] Nämlich: Fehlen der internationalen Zuständigkeit, kein rechtsstaatliches Verfahren, Prozeßbetrug, Verstoß gegen „public policy"; Hilton v. Guyot, 159 U.S. 113 (1895); Restatement 2d, Prop. Off. Draft I, §§ 92, 98; s. z. B. In re Gillie's Estate, 8 N.J. 88, 83 A. 2d 889 (1951): Der Verstoß gegen die „public policy" von New Jersey führte zur Nichtanerkennung einer griechischen Adoption.

[50] S. o. Fußnote 49; von Mehren - Trautmann, 81 Harv. L. Rev. 1602, 1656 n. 165; Lenhoff, RabelsZ 1954, 203 f.; Peterson, RabelsZ 1969, 545.

[51] von Mehren - Trautmann, 81 Harv. L. Rev. 1638.

[52] S. z. B. Gould v. Gould, 235 N.Y. 14, 138 N.E. 490 (1923).

3. „Estoppel"

Von der Anerkennung einer Adoption, die vom zuständigen Gericht vorgenommen wurde, ist die Anerkennung der Adoption aufgrund des „Estoppel"-Gedankens zu unterscheiden.

Dieses Prinzip wird dann herangezogen, wenn eine Adoption nicht in der vom Adoptionsstatut vorgesehenen Weise durchgeführt worden war[53]. In der Regel wird dieser Fehler — oft unterbleibt die vorgeschriebene Adoptionsprozedur auch gänzlich — erst beim Streit um den Nachlaß der Adoptiveltern relevant; der Verfahrensfehler wird also erst dann entdeckt, wenn eine Wiederholung der Adoption nicht mehr möglich ist. Hier helfen die amerikanischen Gerichte mit folgender, zum Bereich der „equity" gehörenden Erwägung: Das Vertrauen des Adoptivkindes auf die Gültigkeit der Adoption ist schutzwürdig. Die Adoptiveltern oder — so meist in der Praxis — ihre Verwandten sind deshalb an der Berufung auf den Verstoß gehindert, weil dieser Fehler ihnen, und nicht dem Adoptivkind zugerechnet werden muß[54]. Für schutzwürdig wird allein das Vertrauen eines während der Minderjährigkeit adoptierten Kindes angesehen[55]. In jedem Fall greift das „Estoppel"-Prinzip nur zugunsten des Kindes, nie zugunsten der Adoptiveltern ein[56].

Im Adoptionsrecht ist die Anwendung dieses Prinzips umstritten[57]. Typischerweise wird es hier nur zur Begründung des Erbrechts des Adoptivkindes im Verhältnis zu seinen Adoptiveltern herangezogen. Die Frage nach der Zuständigkeit eines Gerichts hat damit nichts zu tun; unter Berufung auf den „Estoppel"-Gedanken läßt sich eine „jurisdiction" nicht begründen[58].

---

[53] Gravelin v. Porier, 77 Mont. 260, 250 P. 823 (1926); Lee v. Birmingham, 199 Ill. App. 497 (1916); Young v. McClannahan, 187 Iowa 1184, 175 N.W. 26 (1919); Barney v. Hutchinson, 25 N.M. 82, 177 P. 890 (1918); Eggstaff v. Phelps, 99 Okla. 54, 226 P. 82 (1924); Hickox v. Johnston, 113 Kan. 99, 213 P. 1060 (1923). In re Lamfrom's Estate, 90 Ariz. 363, 368 P. 2d 318 (1962); Schulhöfer 57 f., 72 ff.

[54] Clad - Halstead - Crocker 60; Mooney, 3 J. Fam. L. 349.

[55] Thompson v. Moseley, 344 Mo. 240, 125 S.W. 2d 860.

[56] Heien v. Crabtree, 369 S.W. 2d 28 (Tex. 1963); dazu Mooney, 3 J. Fam. L. 349.

[57] Gegen die „adoption by estoppel": Clad - Halstead - Crocker 60; Genz v. Riddle, 199 Wis. 545, 226 N.W. 957 (1929); Marietta v. Faulkner, 220 Ala. 560, 126 So. 635 (1930); Malaneu v. Cameron, 98 Kan. 620, 159 P. 19 (1916); aff'd on rehearing, 99 Kan. 70, 161 P. 1180 (1917), additional rehearing denied, 99 Kan. 677, 162 P. 1172 (1917).

[58] Wengler, NJW 1959, 127.

4. Die Wirkungen einer ausländischen Adoption durch Hoheitsakt

Es wurde oben ausgeführt, daß die durch ein zuständiges Gericht bewirkte Adoption in den USA anerkannt wird. Die Anerkennung des Status des adoptierten Kindes bedeutet aber nicht, daß ihm überall die gleichen Wirkungen beigelegt werden. Dies wird auch innerhalb der Vereinigten Staaten nicht von der „Full faith and credit"-Klausel gefordert[59]. Dazu folgendes Beispiel: Gibt das Adoptionsstatut dem Adoptivkind ein Erbrecht auch im Verhältnis zu den Verwandten des Annehmenden, die lex fori hingegen nicht, so ist das Forum berechtigt, von seinem Adoptions- und Erbrecht zuungunsten des in einem anderen Staat adoptierten Kindes auszugehen. Umgekehrt kann sich die rechtliche Position des Adoptivkindes natürlich auch aufgrund der Anwendung der lex fori verbessern. Die Praxis ist uneinheitlich. Es finden sich Entscheidungen für beide Lösungen[60]. Überwiegend wird allerdings für die Ausgestaltung des Status, d. h. regelmäßig zur Entscheidung über das Erbrecht eines Adoptivkindes, die lex fori herangezogen[61]. Es ist dann belanglos, ob das Adoptivkind nach dem Adoptionsstatut mehr oder weniger Rechte hätte.

5. Die Wirkungen eines ausländischen Adoptionsvertrags

Bei einer Adoption durch Hoheitsakt bildet der Gerichtsbeschluß den wesentlichen Teil des Adoptionsverfahrens. Anerkennung der gerichtlichen Tätigkeit heißt dann auch Anerkennung der Adoption.

Anders bei der Adoption durch Vertrag, wie sie das deutsche Recht vorsieht. Die gerichtliche Bestätigung führt zur Wirksamkeit der Adoption, im übrigen unterliegt die Adoption jedoch dem Vertragsrecht. Die Bestätigung durch das Gericht heilt etwaige Mängel nur in geringem Umfang, § 1756 BGB. Nichtigkeit des Vertrags, z. B. wegen Verstoßes gegen die guten Sitten, und Anfechtbarkeit, z. B. wegen Willensmängeln, werden durch den gerichtlichen Bestätigungsbeschluß nicht ausgeschlossen. Weiterhin kommt nach deutschem Recht ein gerichtlich bestätigter Aufhebungsvertrag als Erlöschensgrund in Betracht, § 1768

---

[59] Hood v. McGehee, 237 U.S. 611 (1915); vgl. Randzio 88.

[60] In re Youman's Estate, 218 Minn. 172, 15 N.W. 2d 537 (1944): lex fori. Slattery v. Hartford-Connecticut Trust Co., 115 Conn. 163, 161 A. 79 (1932): lex loci actus. Beide Entscheidungen kamen auf die von ihnen gewählte Weise zu dem im konkreten Fall für das Adoptivkind günstigeren Ergebnis. Ferid - Firsching, III Grundzüge US, Randz. 112; vgl. auch Wimmer 120 ff., der die unterschiedlichen Entscheidungen durch die „public policy" erklären will.

[61] Leflar 581; a. A. Reithmann, Justiz 1956, 180 f.

BGB. Darin unterscheiden sich hauptsächlich Adoption durch Hoheitsakt und Adoption durch Vertrag. Beide Formen der Adoption lassen sich nicht gleichstellen, was man auch in einigen amerikanischen Entscheidungen bestätigt findet[62].

Eine deutsche Adoption ist in amerikanischen Augen eine „adoption by deed with the sanction of a court"[63]. Abweichend von dem Grundsatz, daß die lex loci actus den Vertrag beherrscht[64], beurteilt sich die Gültigkeit eines Adoptionsvertrags nach dem Recht des Staates, in dem die Adoption wirksam werden soll[65].

Für deutsche Verhältnisse bedeutet das die Anwendung der lex fori des Bestätigungsgerichts. Diese Rechtswahl entspricht der Behandlung der Adoptionen kraft Hoheitsakts[66] und der in den USA gelegentlich der eigentlichen Adoption vorausgehenden Verträge[67]. Die nach deutschem Recht wirksame Adoption wird damit auch in den Vereinigten Staaten anerkannt.

Hinsichtlich der Aufhebbarkeit oder Anfechtbarkeit des Adoptionsvertrages wird aber deutsches Recht nicht angewendet. Der Grundsatz, das im Ausland adoptierte Kind stehe einem im Inland adoptierten

---

[62] Vgl. Murphee v. Hanson, 197 Ala. 246, 72 So. 437; In re Williams' Estate, 102 Cal. 70, 36 P. 407 (1894); In re Johnson's Estate, 98 Cal. 531, 33 P. 460 (1893); In re Camp. 94 Vt. 455, 111 A. 565 (1920); Monk v. McDaniel, 120 Ga. 480, 47 S.E. 931.

[63] Obwohl auch einige US-Staaten die Adoption aufgrund eines Vertrages kennen, wird diese Adoptionsart im Schrifttum kaum berücksichtigt. Beale, §§ 142 et seq., geht darauf gar nicht ein, sondern stellt fest, daß eine Adoption nicht mit Hilfe eines Vertrages herbeigeführt werden kann. Ebenso Taintor, 15 U. Pitt. L. Rev. 222. Annot. 81 A.L.R. 2d 1128, behandelt nur formlose Adoptionsverträge. Vgl. Schulhöfer 50.

[64] Restatement § 332, s. o. C Fußnote 45.

[65] In re Grace's Estate, 88 Cal. App. 2d 956, 963, 200 P. 2d 189, 193 (1948): „Irrespective of the general rule that the law of the place of the making governs the validity of a contract, the courts, in their effort to protect and promote the welfare of the child, have given effect to a contract to adopt, where it has been fully performed on the part of the child, although it was invalid under the laws where it was made." Ebenso In re Lamfrom's Estate, 90 Ariz. 363, 368 P. 2d 318 (1962).

[66] S. o. E II 1.

[67] Brewer v. Browning, 115 Miss. 358, 76 So. 267 (1917); In re Johnson's Estate, 100 Cal. App. 2d 73, 223 P. 2d 105 (1950); Continental Illinois Nat'l Bank & Trust Co. v. Clancy, 20 Ill. App. 2d 307, 155 N.E. 2d 838 (1959), aff'd in an op. not reaching this point, 18 Ill. 2d 124, 163 N.E. 2d 523 (1959); Der Adoptionsvertrag war in Iowa nicht in das Register eingetragen worden und deshalb dort unwirksam; das Gericht hielt ihn auch in Illinois für unwirksam. Westbrook v. Elder, 264 Mich. 138, 249 N.W. 617 (1933); Fiske v. Lawton, 124 Minn. 85, 144 N.W. 455 (1913); In re Patrick's Will, 106 N.W. 2d 888 (Minn. 1960); Fisher v. Browning, 107 Miss. 729, 66 So. 132 (1914) overruled on another point in Brewer v. Browning, s. o.; Mutual L. Ins. Co. v. Benton, 34 F. Supp. 859 (D.C. Mo. 1940); Schultz v. First Nat'l Bank, 220 Ore. 350, 348 P. 2d 22, 81 A.L.R. 2d 1121 (1959); s. o. Fußnote 65.

gleich, verhindert dies[68]. *Rabel*[69] hält diese Ansicht für falsch, da ein Domizilwechsel nicht den Inhalt des Kindschaftsverhältnisses ändern solle. Im Schrifttum hat er damit aber keinen Anklang gefunden. Die Rechtsprechung dazu ist wenig ergiebig, da es sich ausschließlich um erbrechtliche Fälle handelt, die zugestandenermaßen ohnehin nicht nach dem Adoptionsstatut beurteilt werden. Es liegen aber obiter dicta vor, die die Anwendung der lex fori befürworten[70]. Die Erlöschensgründe eines Adoptionsverhältnisses bestimmen sich also nach der lex fori.

III. Die internationale Zuständigkeit deutscher Gerichte

1. Die örtliche Zuständigkeit als Grundlage

Aus dem Vorliegen der örtlichen Zuständigkeit, § 66 FGG, könnte wie in der streitigen Gerichtsbarkeit die internationale Zuständigkeit der deutschen Gerichte zur Vornahme einer Adoption hergeleitet werden[71].

Liegen die Voraussetzungen des § 66 II FGG vor, bestehen hiergegen keine Bedenken, da deutsches Recht gemäß Art. 22 I EG Adoptionsstatut ist.

Ist der Annehmende ein Ausländer, kann die örtliche Zuständigkeit eines deutschen Gerichts nach § 66 I FGG gegeben sein. Adoptionsstatut wäre dann ausländisches Recht. In einem streitigen Verfahren ist dem Gericht die Anwendung ausländischen Rechts zuzumuten: Ausgehend von der Trennung materielles Recht — Verfahrensrecht, wendet das Gericht in Streitsachen das ausländische Sachrecht und das inländische Prozeßrecht an[72].

Für den Bereich der freiwilligen Gerichtsbarkeit bedarf es aber einer weiteren Klärung, ob die internationale Zuständigkeit aus der örtlichen Zuständigkeit folgt.

---

[68] Restatement 2d, Tent. Draft No. 4, § 143.
[69] Rabel - Drobnig 695.
[70] S. z. B. In re Youman's Estate, 218 Minn. 172, 15 N.W. 2d 537 (1944); Restatement 2d, Tent. Draft No. 4, § 143; Gündisch, FamRZ 1961, 352, 354; Bachmann, StAZ 1955, 36, 38; vgl. o. E Fußnoten 59—61.
[71] Heldrich 171 Fußnote 10; Wimmer 96 Fußnote 202 mit weiteren Nachweisen; vgl. Soergel - Kegel, Art. 22 Randz. 47; so für Personensorgesachen BayObLG 1969, 70 f.
[72] S. o. C V 4 a; Rabel, RabelsZ 1932, 323.

2. Das Gleichlaufprinzip

In der freiwilligen Gerichtsbarkeit ist diese Trennung von materiellem Recht und Verfahrensrecht dann besonders unzweckmäßig, wenn es sich um gestaltende Tätigkeit des Gerichts handelt[73]. Das zeigt sich bei der Adoption:

Nach amerikanischem Recht verfügt das Gericht eine Adoption, nachdem es die für und wider die Adoption sprechenden Gesichtspunkte gewürdigt hat. Der gerichtliche Beschluß hat konstitutive Bedeutung, er ist ein Teil des Tatbestandes, aufgrund dessen die Rechtsfolge „Adoption", die materielle Rechtsänderung eintritt. Prozeßrecht und Sachrecht sind derart verzahnt, daß bei einer Trennung der beiden Bereiche eine Adoption nach amerikanischem Recht nicht durchgeführt werden kann. Adoption nach amerikanischem Recht erfordert eben Adoption auch unter Beachtung des amerikanischen Verfahrensrechts. Dem widerspricht aber der Satz, in Verfahrensfragen herrsche die lex fori. Diese Regel hat hier um so mehr Berechtigung, weil die vom amerikanischem Recht vorgesehene Adoption durch Hoheitsakt das deutsche Gericht vor große Schwierigkeiten stellen dürfte. Diesem Dilemma kann man auch nicht dadurch entgehen, daß man die Vorschriften, die eine Adoption durch Hoheitsakt anordnen, als Formvorschriften qualifiziert mit dem Ziel, deutsches Recht als lex loci actus gemäß Art. 11 I 2 EG anzuwenden[74]. Das Erfordernis eines Hoheitsaktes anstelle eines Vertrages ist ein materielles Adoptionserfordernis[75]. Lehnt man aber die Anwendung ausländischen Verfahrensrechts ab, weil ein Gericht nicht nach ausländischem Recht prozedieren kann, dann ergibt sich daraus folgender Gedankengang: Das deutsche Gericht orientiert sich ausschließlich nach deutschem Verfahrensrecht. Deutsches Verfahrensrecht ist aber sinnvoll nur in Verbindung mit deutschem materiellen Recht anzuwenden. Somit wären deutsche Gerichte nur dann zuständig, wenn das deutsche Recht das Adoptionsstatut ist. Aufgrund des geforderten Gleichlaufs von materiellem und Prozeßrecht bestimmte sich also die Zuständigkeit nach Art. 22 I EG, ggf. in Verbindung mit Art. 27 EGBGB (analog). Diese Auffassung wird aber heute nur noch von wenigen geteilt[76]. Daß das Gleichlaufprinzip nach geltendem Recht in Sachen

---

[73] Zum Folgenden Dölle, RabelsZ 1962, 201 ff.; Wahl RabelsZ 1936, 43; Neuhaus, NJW 1967, 1168; Booß 27.

[74] So Lauterbach - Braga, Kindschaftsrecht 185.

[75] Rabel, RabelsZ 1932, 319; Schweizer 148; Soergel - Kegel, Art. 22 Randz. 46.

[76] Jansen, II § 66 Randz. 14; Keidel, § 66 Randz. 10; vgl. Soergel - Kegel, Art. 19 Randz. 44 mit weiteren Nachweisen, Art. 19 Randz. 49; praktisch ist das Gleichlaufprinzip nur im Nachlaßrecht von Bedeutung, s. Heldrich 200 f.

der freiwilligen Gerichtsbarkeit nicht uneingeschränkt herrscht, zeigt sich an § 2369 BGB, Art. 8, 23 EG.

In anderen Fällen, in denen ein dringendes Fürsorgebedürfnis besteht, genügt das Gleichlaufprinzip als alleiniger Maßstab für die internationale Zuständigkeit des deutschen Gerichts ebenfalls nicht[77].

3. Der beschränkte Gleichlauf

Ist amerikanisches Recht gemäß Art. 22 I EG das Adoptionsstatut, sind wegen des Zusammenhangs von materiellem und Prozeßrecht sicherlich amerikanische Gerichte international zuständig, da auf diese Weise die richtige Anwendung amerikanischen Sach- und Verfahrensrecht gewährleistet ist. Eine Adoption nach amerikanischem Recht kann ein amerikanisches Gericht schließlich am besten vornehmen. Erachtet nun das nach deutscher Ansicht (Art. 22 I EG) zuständige amerikanische Gericht seinerseits ein deutsches Gericht für zuständig, dürften keine Bedenken gegen die internationale Zuständigkeit dieses deutschen Gerichts bestehen. War das deutsche Gericht nach amerikanischer Auffassung international zuständig, ist mit der Anerkennung des deutschen Bestätigungsbeschlusses in Amerika zu rechnen. Die Anerkennung der Adoption durch das Adoptionsstatut könnte also Grundlage der internationalen Zuständigkeit in Adoptionssachen sein (beschränkter Gleichlauf)[78]. Auf diese Weise würde den Beteiligten eine Adoption in Deutschland ermöglicht, ohne daß dies zu hinkenden Rechtsverhältnissen führt. Dieser Gedanke ist hier besonders wichtig, weil die Rechtswirkungen der Adoption in den meisten Fällen nur in den USA eintreten sollen; eine Adoption, die in Deutschland durchgeführt würde, aber in Amerika unwirksam ist, wäre sinnlos[79].

Der beschränkte Gleichlauf wird vom Gesetz allerdings nur in einem Fall ausdrücklich gefordert, nämlich bei der Ehescheidung, § 606 b Nr. 1 ZPO. Aber selbst diese Vorschrift soll de lege ferenda aufgehoben werden[80]. Die Einwände gegen die Regelung des § 606 b Nr. 1 ZPO gelten auch entsprechend im Adoptionsrecht: In Personenstandssachen muß im Inland Rechtsschutz für Inländer gewährt werden[81].

---

[77] Booß 64; vgl. Soergel - Kegel, Art. 22 Randz. 47.
[78] Neuhaus, Grundbegriffe 243 ff.; Neuhaus, NJW 1967, 168; Gündisch, FamRZ 1961, 352; Jayme, StAZ 1969, 30 f. Fußnoten 17 und 20; vgl. die Kritik von Heldrich 227 ff.; vgl. Dopffel, RabelsZ 1958, 320.
[79] Heldrich 121.
[80] Lauterbach - Kegel, Eherecht 130 f.; ähnlich Soergel - Kegel, Art. 22 Randz. 51.
[81] Beitzke, FamRZ 1967, 593, 604.

III. Die internationale Zuständigkeit deutscher Gerichte

„Es ist eine Praerogative des Staates, die der § 1741 (BGB) einführt, und nicht eine lästige Pflicht, die der Staat möglichst von sich abwälzen will. Vollends müssen wir es befördern, daß Adoptionen dem deutschen Richter vorgelegt werden, wenn ein Teil deutscher Reichsangehöriger ist[82]."

Die gerichtliche Fürsorge in Personenstandssachen geht dem internationalen Entscheidungseinklang vor[83]. Beansprucht ein ausländischer Staat die ausschließliche Zuständigkeit für Adoptionen, wird ein deutscher Bestätigungsbeschluß in diesem Staat nicht anerkannt. Folgt man dem beschränkten Gleichlaufprinzip, kann die Adoption in Deutschland nicht durchgeführt werden. Können die somit einzig und allein zuständigen ausländischen Gerichte beispielsweise aus finanziellen oder aus politischen Gründen nicht angerufen werden, ist die Rechtsverweigerung offensichtlich.

Das Ziel des beschränkten Gleichlaufs, die internationale Entscheidungsharmonie, ist im übrigen nur im Verhältnis mit *einem* Staat mit Sicherheit zu erreichen. Ziehen die Beteiligten in einen dritten Staat, garantiert der beschränkte Gleichlauf keineswegs die Anerkennung der Adoption in dem dritten Staat. Wird ein Kind von Ehegatten adoptiert, die verschiedener Staatsangehörigkeit sind, müßten zwei Adoptionsstatute beachtet werden. Hier kann die Durchführung des beschränkten Gleichlaufs auf unüberwindbare Schwierigkeiten stoßen. Es darf auch nicht übersehen werden, daß die Prüfung der Frage, ob die deutsche Entscheidung vom Sachstatut anerkannt werden wird, zumindest recht umständlich ist.

Aus diesen Gründen ist es nicht angezeigt, die internationale Zuständigkeit der deutschen Gerichte von der Anerkennung durch das Adoptionsstatut abhängig zu machen. Es bleibt also dabei, daß die örtliche Zuständigkeit die Grundlage für die internationale Zuständigkeit in Adoptionssachen bildet[84]. Diese in weitem Umfang gewährte internationale Zuständigkeit deutscher Gerichte ist nicht anstößig, da es sich nicht um eine ausschließliche Zuständigkeit handelt[85].

Eine Parteivereinbarung über die örtliche und damit auch über die internationale Zuständigkeit ist unzulässig, § 40 II ZPO analog[86].

Die für den beschränkten Gleichlauf sprechenden Argumente zwingen aber zu folgender Überlegung: Kann der Bestätigungsbeschluß des deutschen Gerichts nicht mit Anerkennung durch das Adoptionsstatut

---

[82] Rabel, RabelsZ 1932, 323.
[83] S. o. Fußnote 80.
[84] Rabel, RabelsZ 1932, 314; Wahl, RabelsZ 1936, 47; Soergel - Kegel, Art. 22 Randz. 47; Beitzke, FamRZ 1967, 604; BayObLG 1962, 154; dazu Schweizer 217 f.
[85] Krusch, Internationales Familienrecht 418 f.
[86] Beitzke, FamRZ 1967, 593; Riezler, Internationales Familienrecht 519.

rechnen und wollen die Beteiligten in das Land des Adoptionsstatuts ziehen, dann ist der Bestätigungsbeschluß überflüssig, weil voraussichtlich wirkungslos. Das Gericht sollte dann den Antrag auf Bestätigung der Adoption wegen Fehlen des Rechtsschutzbedürfnisses verwerfen[87].

4. Die Anerkennung des Adoptionsbeschlusses in Amerika

In vielen deutsch-amerikanischen Adoptionsfällen ist klar, daß die Beteiligten (wieder) nach Amerika gehen wollen. Unter dem Blickwinkel des Rechtsschutzbedürfnisses müßte dann auch eine Verweigerung der Anerkennung des deutschen Beschlusses in den USA berücksichtigt werden.

Unbeachtlich ist eine mögliche Anerkennung der deutschen Adoption in Amerika aufgrund des „Estoppel"-Prinzips[88]. Dafür ist der Bestätigungsbeschluß des deutschen Gerichts überhaupt nicht nötig.

In den USA wird die Adoption durch ein deutsches Gericht anerkannt, wenn das deutsche Gericht nach amerikanischer Auffassung zuständig war, d. h. „jurisdiction" hatte[89]. Dem deutschen Gericht steht „jurisdiction" zu, wenn im Bereich des deutschen Gerichts Tatsachen vorliegen, die die „jurisdiction" eines amerikanischen Gerichts begründen würden, falls sie im Bereich des amerikanischen Gerichts vorlägen[90]. Von der Anerkennung des deutschen Bestätigungsbeschlusses kann man folglich dann ausgehen, wenn der Annehmende, der amerikanischer Staatsbürger ist, in Deutschland sein Domizil hat[91], wobei vom amerikanischen Domizilbegriff auszugehen ist.

Größere praktische Bedeutung hat der Fall, daß das Kind in Deutschland domiziliert ist. Dann hat das Gericht nach dem Recht vieler US-Staaten ebenfalls „jurisdiction"[92]. Das gilt auch für „Fernadoptionen"[93]. Vorsicht ist aber geboten, wenn es sich um ein nichteheliches Kind handelt, das von dem amerikanischen Stiefvater adoptiert werden soll[94]. Mit der Eheschließung erwirbt die Mutter des Kindes normaler-

---

[87] So BayObLG 1959, 20; dazu Schweizer 254; ähnlich Randzio 28 ff., der auch den beschränkten Gleichlauf ablehnt; Randzio fordert, die Anerkennung der Adoption als ein Problem des materiellen Adoptionsrechts anzusehen.

[88] S. o. E II 3; Wengler, NJW 1959, 127; Gündisch, FamRZ 1961, 352, 353.

[89] S. o. E II 2 für den inneramerikanischen Bereich.

[90] So Grasmann, FamRZ 1964, 345 ff., 349, für die entsprechende Frage bei der Scheidung.

[91] S. o. E Fußnote 30; das wird im übrigen selten der Fall sein; s. o. B I 3.

[92] S. o. E Fußnote 24.

[93] Dazu Wimmer 143 ff.

[94] BayObLG 1965, 245 ff.; Wengler, NJW 1959, 127 f.; Gündisch, FamRZ 1961, 352 f.

weise ein Domizil in Amerika, nämlich das Domizil ihres Ehemannes[95]. Das Domizil des Kindes folgt seinerseits dem der Mutter, so daß im Ergebnis keiner der Beteiligten ein Domizil in Deutschland hat. Daß alle Beteiligten vor Gericht erscheinen und somit der „personal jurisdiction" des Gerichts unterliegen, reicht nicht aus, um die Anerkennung der Adoption in Amerika zu gewährleisten.

IV. Das deutsche Kollisionsrecht

1. Art. 22 I EG

Da Art. 22 I als allseitige Kollisionsnorm anzusehen ist, wird das Heimatrecht des Annehmenden als Adoptionsstatut angewendet[96]. Ist der Annehmende amerikanischer Staatsbürger, ist das Recht eines Gliedstaats der USA als Adoptionsstatut für Voraussetzungen und Wirkungen der Adoption maßgebend.

2. Keine Parteiautonomie

Im Gegensatz zum deutschen Recht, § 1741 BGB, erfolgt in Amerika die Adoption überwiegend durch Hoheitsakt. Den sich aus diesem Unterschied ergebenden Schwierigkeiten kann man nicht dadurch aus dem Weg gehen, daß durch Parteivereinbarung deutsches Recht als Adoptionsstatut gewählt wird. Zwar handelt es sich bei einer deutschen Adoption um einen Vertrag, jedoch nicht um einen schuldrechtlichen, sondern um einen familienrechtlichen Vertrag. Ebenso wie im materiellen Recht die familienrechtlichen Vorschriften wenig oder gar keinen Raum für eine freie Vereinbarung lassen, ist auch im internationalen Familienrecht die Parteiautonomie so gut wie ausgeschlossen. Bei Art. 22 I EG steht jedenfalls fest, daß es sich um eine Vorschrift zwingenden Rechts handelt[97].

3. Die Qualifikation

Für den Regelfall besteht kein Bedenken, die amerikanische „adoption" unter die „Annahme an Kindes Statt" im Sinne des Art. 22 I EG einzuordnen. Denn ebenso wie im deutschen Recht erhält ein in den

---

[95] S. o. B II 3.
[96] S.o. D Fußnote 72.
[97] KG, JW 1936, 54; Erman - Marquordt, Art. 22 Anm. 4 a; Rings 59 f.; Lingens 45 Fußnote 3 mit weiteren Nachweisen.

USA adoptiertes Kind einen Status, der dem des ehelichen Kindes sehr nahe kommt. Daß es sich bei der amerikanischen Adoption um einen Staatsakt handelt, steht einer Gleichstellung mit der Annahme an Kindes Statt i. S. des Art. 22 I nicht entgegen[98].

Gündisch[99] macht darauf aufmerksam, daß nach amerikanischem Recht die Adoptiveltern normalerweise nur die Personensorge über das Kind erhalten, daß sie es dagegen nicht in Vermögensangelegenheiten vertreten. Das Gleiche gilt aber in Amerika auch für das Verhältnis zwischen Eltern und ehelichem Kind[100]; der Begriff des gesetzlichen Vertreters ist dem amerikanischen Recht unbekannt. Aus der Tatsache, daß die Adoptiveltern nur die Personensorge erhalten, folgt also nicht, daß hier für die Adoption eine Sonderregelung gilt.

Eine Reihe von US-Staaten erlauben die Adoption eines eigenen nichtehelichen Kindes nicht[101]. Das hindert jedoch nicht daran, die „adoption" dieser Rechtsordnungen unter Art. 22 I, Annahme an Kindes Statt, einzuordnen. Schließlich handelt es sich hierbei nicht um ein wesentliches Merkmal der Adoption nach deutschem Recht. Dieses Adoptionsverbot berührt auch nicht den deutschen ordre public, da die Legitimation des Kindes jedenfalls möglich ist[102].

Ebensowenig kann die Tatsache, daß nach dem Recht einiger amerikanischer Staaten die Adoptivkinder kein gesetzliches Erbrecht haben[103], ins Gewicht fallen, solange die Adoption in diesen Staaten mit den sonstigen, familienrechtlichen Wirkungen ausgestattet ist[104]. Gemäß § 1767 I BGB kann in Deutschland das gleiche Ergebnis herbeigeführt werden.

Hingegen läßt sich eine „adoption", die für den Angenommenen nur erbrechtliche Wirkungen hat, nicht als „Annahme an Kindes Statt" qualifizieren[105]. Ein derartiger Akt fällt als Verfügung von Todes wegen unter Art. 25 EGBGB.

Die als „adoption" bezeichneten Legitimationen sind auch als solche zu behandeln[106].

---

[98] Lauterbach - Braga, Kindschaftsrecht 184.
[99] Gündisch, FamRZ 1961, 352, 354.
[100] Gündisch, FamRZ 1961, 352, 354.
[101] S. o. E I; Neuhaus, DRechtsZtg. 1949, Beih. 9, 9; L. Jansen 51.
[102] Jayme 135.
[103] So z. B. im District of Columbia und in Mississippi, s. Selected Essays 372/73.
[104] Gündisch, FamRZ 1961, 352, 354.
[105] S. z. B. Bedinger v. Graybill's Ex'r, 302 S.W. 2d 594 (Ky. 1957): Adoption der Ehefrau durch Ehemann.
[106] S. o. E I.

IV. Das deutsche Kollisionsrecht 87

Die Vorschriften, die eine Adoption durch Staatsakt vorsehen, sind nicht als Formvorschriften zu qualifizieren[107].

Eine bekannte Streitfrage ist, ob die Namensänderung aufgrund der Adoption als Adoptionswirkung zu qualifizieren ist und deshalb dem von Art. 22 I berufenen Recht unterliegt. Dieses Problem betrifft vor allem den deutschen Standesbeamten. Denn wird ein deutsches Kind in den Vereinigten Staaten adoptiert, muß im deutschen Geburtenbuch die Adoption und ggf. auch der geänderte Name beigeschrieben werden[108].

Bei einer Adoption in den USA ändert sich in manchen Staaten der Name des Adoptivkindes kraft Gesetzes[109]. In diesem Fall ist deutlich, daß die Namensänderung eine Wirkung der Adoption ist und somit auch dem Adoptionsstatut untersteht[110]. Zweifel bereitet der Fall, daß der Namenswechsel nicht automatisch eintritt, sondern die Namensänderung erst in einem besonderen Verfahren betrieben werden muß. Denn handelt es sich hierbei um eine gewöhnliche Namensänderung, unabhängig von der Adoption, unterstünde sie als solche nach deutschem Kollisionsrecht dem Heimatrecht des Betroffenen[111]. Der Betroffene, das Adoptivkind, unterläge daher deutschem Recht[112], solange es noch die deutsche Staatsangehörigkeit besitzt. Die Namensänderung aufgrund amerikanischen Rechts wäre in Deutschland unbeachtlich und würde nicht in das Register eingetragen; ein mißlicher Zustand, da keine Aussicht besteht, daß die amerikanischen Adoptiveltern die Namensänderung je in Deutschland noch einmal betreiben werden, nachdem sie es in den USA bereits getan haben.

Folgt man der geschilderten Ansicht, vernachlässigt man folgendes: Beide Male erfolgt die Namensänderung aufgrund der Adoption, einmal ipso iure, einmal mit Hilfe eines zusätzlichen Verfahrens. Aber auch im zweiten Fall handelt es sich um eine Wirkung der Adoption; das dazwischengeschaltete Verfahren ändert daran nichts[113].

---

[107] S. o. E Fußnote 75.
[108] §§ 301 II, 302 II, 304 II DA f. StandB 1968; OLG Hamm, StAZ 1954, 37; BayObLG, NJW 1969, 376, 377; Beitzke, FamRZ 1956, 172.
[109] Bachmann, StAZ 1955, 36, 38; s. z. B. Calif. Civ. Code § 228, abgedruckt bei Goldstein - Katz 843, Namensänderung fakultativ.
[110] Gündisch, FamRZ 1961, 352, 354; Raape, IPR 400.
[111] BGH, IPRspr. 1952—53, Nr. 12.
[112] Gesetz über die Änderung von Familiennamen und Vornamen v. 5. 1. 1938 (RGBl. I 9) i. d. F. des Gesetzes v. 29. 8. 1961 (BGBl. I 1621).
[113] BGH, IPRspr. 1960—61 Nr. 128; OLG Karlsruhe, FamRZ 1957, 224 f. = StAZ 1958, 208 ff.; Gündisch, FamRZ 1957, 199 ff., 201; Erlaß des Innenministers von BW, StAZ 1958, 87, 88; Müller, FamRZ 1956, 174 f.

4. Art. 27 EG

a) Die analoge Anwendung

Verweist das durch Art. 22 I EG berufene Recht eines US-Staates auf das Heimatrecht des deutschen Kindes, wird die Rückverweisung vom deutschen Recht angenommen. Art. 27 EG ist hier entsprechend anzuwenden[114].

b) Die Verweisung auf die lex fori

Für Adoptionsfragen gibt es im amerikanischen Kollisionsrecht keine ausdrückliche Verweisung auf eine bestimmte Rechtsordnung. Es kann auch nicht ausdrücklich darauf verweisen, weil sich die kollisionsrechtliche Problematik in der Bestimmung der internationalen bzw. interlokalen Zuständigkeit erschöpft. Ist das zuständige Gericht gefunden, wendet es sein eigenes Recht an[115].

Solange sich die „jurisdiction" auf das Domizil eines der Beteiligten stützt, sind die lex fori und das Personalstatut der Anknüpfungsperson, d. h. des Kindes oder des Annehmenden, identisch. Wendet nun das amerikanische Gericht sein eigenes internes Recht deshalb an, weil es die lex fori oder weil es die lex domicilii ist? Diese Frage wird dann bedeutsam, wenn sich die Zuständigkeit des Gerichts nicht auf das Domizil, sondern auf „residence" eines der Beteiligten stützt. Dann muß nämlich die lex fori weder mit dem Heimatrecht des Annehmenden noch des Anzunehmenden identisch sein. Daß das Gericht aber sein eigenes internes Recht als lex fori und nicht als lex domicilii anwendet, zeigt sich darin, daß auch in Fällen, in denen keiner der Beteiligten sein Domizil im Forumstaat hat, die Möglichkeit, fremdes Recht als Adoptionsstatut anzuwenden, vom Gericht überhaupt nicht in Erwägung gezogen wird[116]. Das bedeutet, daß nach amerikanischer Ansicht das zuständige Gericht immer die lex fori anwendet. Demnach könnte das zuständige deutsche Gericht deutsches Recht heranziehen. Darin, daß in den Vereinigten Staaten auf die lex fori abgestellt wird, ist eine — versteckte — Rückverweisung zu sehen[117].

c) Die Probleme der versteckten Rückverweisung

Wengler[118] wendet gegen diese Argumentation ein, in einem streitigen Verfahren läge auch keine Rückverweisung vor, wenn das auf der lex fori beruhende Urteil mit Anerkennung im Ausland rechnen könne.

---

[114] Allg. M.: Lingens 97 mit weiteren Nachweisen; Gündisch, FamRZ 1961, 352, 354; Krusch, Internationales Familienrecht 408 f.
[115] S. o. E II 1b am Ende.
[116] Hanisch, NJW 1966, 2085, 2086; vgl. Graveson, 28 Brit. Y.B. Int'L L. 282.
[117] Hanisch, NJW 1966, 2085, 2086; Gündisch, FamRZ 1961, 352, 354.

Das trifft für den Bereich der streitigen Gerichtsbarkeit zu. In der freiwilligen Gerichtsbarkeit greift dieser Einwand aber nicht durch. Nach dem an sich nach deutschem Kollisionsrecht maßgeblichen ausländischen Recht gilt hier ausschließlich das interne Recht des Forumstaates. Bei dem engen Zusammenhang von materiellem und prozessualem Recht auf dem Gebiet der freiwilligen Gerichtsbarkeit ist das auch kaum anders möglich, zumal wenn das ausländische Adoptionsverfahren so sehr vom deutschen abweicht, wie es hier der Fall ist.

Ein weiteres Argument gegen die versteckte Rückverweisung ist, daß sie keine ausdrückliche Verweisung im Sinne des Art. 27 EG ist[119]. Schließlich verweist das amerikanische Recht nur auf die lex fori des zuständigen Gerichts, ohne jedoch konkret eine Rechtsordnung zu nennen. Nach dem Wortlaut des Art. 27 ist eine Rückverweisung dann beachtlich, wenn „die deutschen Gesetze anzuwenden sind". Schließt man aus dieser Formulierung, daß ein Renvoi nur vorliegt, wenn das fremde Recht deutsches Recht ausdrücklich für maßgebend erklärt, dann genügt in der Tat eine „versteckte" Rückverweisung von der hier vorliegenden Art nicht[120]. Allerdings könnte es dann einen beachtlichen Renvoi nur in seltenen Fällen überhaupt geben. Denn nach dieser Ansicht müßte das maßgebliche ausländische Recht allseitige Kollisionsnormen enthalten. Regeln die ausländischen Kollisionsnormen nur die Situationen, in denen das eigene interne Recht anzuwenden ist[121], könnte man aus diesen Normen keine ausdrückliche Rückverweisung entnehmen, obwohl zu erkennen ist, für welche Fälle fremdes Recht herangezogen werden soll. Diese strenge Ansicht ist abzulehnen und auch aus einseitigen Kollisionsnormen eine Rückverweisung herzuleiten[122]. Ebenso ist die Rückverweisung zu bejahen, wenn ein deutsches Gericht nach amerikanischer Auffassung international zuständig ist und seine lex fori anwenden darf. Der Wortlaut des Art. 27 EG ergibt nichts für diesen Fragenkreis. Denn die Fassung des Art. 27 ist auf Rechtswahlnormen von der Art des Art. 7 EG abgestellt, nicht auf die Jurisdiktionsnormen des amerikanischen Rechts[123].

---

[118] Wengler, NJW 1959, 127, 129.
[119] Wengler, NJW 1959, 127, 129; Beitzke, Anm. zu KG, NJW 1960, 248; a. A.: z. B. AG Bielefeld, IPRspr. 1960—61 Nr. 129 mit weiteren Nachweisen.
[120] S. die in Fußnote 119 Genannten; Randzio 146 f.; vgl. OLG Celle, JZ 1954, 702 f. (obiter dictum betr. engl. Rechts).
[121] Vgl. Art. 12, 14 I, 13 III, 15 I, 17 III, IV, 18 I, 19 S. 1, 20 S. 1, 21 Halbsatz 2, 22 I, 24 I EG im Gegensatz zu Art. 7 I, 11, 17 I, II, 21 Halbsatz 1 EG.
[122] Gündisch, StAZ 1955, 114, 115; Gündisch, FamRZ 1961, 352, 355; Hanisch, NJW 1966, 2085, 2089; Dopffel, RabelsZ 1958, 320; Reithmann, Anm. zu Bay ObLG, DNotZ 1960, 248 ff., 253; KG, NJW 1960, 248, mit Anm. v. Beitzke; vgl. aus amerikanischer Sicht Ehrenzweig, Private Int'l Law 147/48.
[123] Hanisch, NJW 1966, 2085, 2090.

Daß es nach amerikanischer Auffassung eine ausschließliche Zuständigkeit in Adoptionssachen nicht gibt, ändert nichts an dem Ergebnis[124]. Auch dann liegt jedenfalls „jurisdiction" vor, so daß das deutsche Gericht seine lex fori anwenden darf.

Wengler[125] hat auch ein rechtspolitisches Bedenken gegen die versteckte Rückverweisung; dem Annehmenden fehle die „soziologisch-psychologische Verbindung mit dem deutschen Recht". Damit wird der Fall angesprochen, daß ein US-Soldat vor seiner Rückkehr in die Vereinigten Staaten einen Adoptionsvertrag in Deutschland schließt. Nach Wenglers Meinung ist die Sache dann bei einem amerikanischen Gericht besser aufgehoben. Ebenso gut läßt sich aber auch die Ansicht vertreten, es sei Aufgabe deutscher Stellen, einschließlich der Gerichte, die ordnungsmäßige Adoption eines deutschen Kindes sicherzustellen. Das Fehlen der „soziologisch-psychologischen Verbindung mit dem deutschen Recht" ist rechtspolitisch weniger bedenklich als das Dilemma, das sich ergibt, wenn man die versteckte Rückverweisung ablehnt. Denn lehnt man die versteckte Rückverweisung ab, bejaht aber die internationale Zuständigkeit deutscher Gerichte, muß die Adoption in Deutschland nach amerikanischem Recht als Adoption durch Hoheitsakt durchgeführt werden[126]. Wollte man in einem solchen Fall sogar die internationale Zuständigkeit des deutschen Gerichts verneinen (Gleichlaufgedanke), dann müßte man das Kind auf gut Glück nach den USA entlassen, ohne daß es vorher adoptiert wurde. Will man auch das verhindern, verweigert man den Beteiligten ihr Recht. Trotz der erwähnten Einwände ist daher die versteckte Rückverweisung zu bejahen und für das deutsche Gericht beachtlich[127]. Die Verweisung auf die jeweilige lex fori führt zwangsläufig zu einer Störung des internationalen Entscheidungseinklangs. Diesem Nachteil steht aber der hier höher zu bewertende Vorteil gegenüber, inländisches Sachrecht anwenden zu können.

---

[124] S. die in Fußnote 122 Genannten; a. A.: Wengler, NJW 1959, 127, 129; Neuhaus, JZ 1954, 704; Beitzke, Anm. zu KG, NJW 1960, 248.

[125] Wengler, NJW 1959, 127, 130; ebenso Beitzke, Anm. zu KG, NJW 1960, 248.

[126] Dann stellt sich die weitere Frage, ob ein deutsches Gericht überhaupt die „weseneigene Zuständigkeit" zum Erlaß eines solchen gestaltenden Staatsaktes hat; Heldrich 270 mit weiteren Nachweisen; Booß 36 f.

[127] Das ist h. M.: s. o. Fußnote 122; Müller, FamRZ 1956, 174 f.; Domke 77; Dölle, RabelsZ 1962, 201, 226; Bergmann - Firsching 66; BayObLGZ 1962, 151; BayObLG, DNotZ 1957, 429; BayObLG, DNotZ 1960, 248; KG, NJW 1960, 248 mit Anm. von Beitzke; AG Bielefeld, IPRspr. 1960—61 Nr. 129; weitere Nachweise bei Gündisch, FamRZ 1961, 355 Fußnote 38, und bei Randzio 147 Fußnote 1.

Die hier vertretene Ansicht stimmt mit der Praxis der deutschen Gerichte in anglo-amerikanischen Ehescheidungs-[128] und Sorgerechtssachen[129] überein.

Die Adoptionsbegründung richtet sich dann gänzlich nach deutschem Recht; die Adoptionswirkungen unterliegen dagegen dem Recht des aufgrund der Adoption neu begründeten Domizils, weil insoweit das amerikanische Recht nicht zurückverweist[130].

Bisher sind noch keine Fälle bekannt geworden, in denen ein amerikanisches Gericht eine deutsche Adoption deshalb nicht anerkannt hat[131]. Das entspräche auch überhaupt nicht der amerikanischen Praxis in Statussachen[132].

5. Art. 22 II EG

a) Die Adoption in Deutschland

Bei den nach Art. 22 II erforderlichen Einwilligungen handelt es sich nicht um Formfragen, die auch dem Art. 11 I 2 unterfallen würden[133], sondern um materielle Adoptionserfordernisse, für die neben dem Adoptionsstatut auch deutsches Recht gemäß Art. 22 II gilt[134].

Wird die Adoption in Deutschland vorgenommen, so findet ohnehin deutsches Recht Anwendung, ggf. aufgrund der versteckten Rückverweisung. Auf diese Weise wird in jedem Fall dem Art. 22 Genüge getan.

---

[128] S. Brintzinger, JZ 1960, 350; Dopffel, RabelsZ 1958, 320.
[129] Käser, RabelsZ 1954, 158.
[130] S. o. E II 4; Soergel - Kegel, Art. 22 Randz. 64; a. A. Wimmer 54; kritisch auch Randzio 157 ff., der darauf hinweist, daß die deutschen Beteiligten die amerikanischen Adoptionswirkungen nicht kennen.
[131] Ehrenzweig, Private International Law 148; dies zu Wenglers Bedenken, NJW 1959, 127, 129. Allerdings ist zu berücksichtigen, daß die Anerkennung einer ausländischen Adoption in der Regel erst beim Streit um den Nachlaß der Adoptiveltern eine Rolle spielt. Die zahlreichen Adoptionen deutscher Kinder durch Amerikaner nach dem 2. Weltkrieg können sich naturgemäß jetzt noch nicht in der Rechtsprechung auswirken.
[132] S. o. E II 2.
[133] Staudinger - Firsching, Art. 11 Randz. 4; Lauterbach - Braga, Kindschaftsrecht 185.
[134] Auf den Streit, ob Art. 22 II EG als eine allseitige Kollisionsnorm anzusehen ist, braucht im Rahmen dieser Arbeit nicht eingegangen zu werden, da die deutschen Einwilligungserfordernisse weiter als die amerikanischen gehen. Für allseitigen Charakter von Art. 22 II EG z. B. Soergel - Kegel, Art. 22, Randz. 7; dagegen z. B. Wimmer 35; s. o. D Fußnoten 88—90. Art. 22 II betrifft nicht nur die erforderlichen Einwilligungen, sondern auch ihren eventuellen Ersatz, Palandt - Lauterbach, Art. 22 Anm. 4 c.

b) Die Adoption in Amerika

Erfolgt die Adoption eines deutschen Kindes in den Vereinigten Staaten, ist Art. 22 II EGBGB zu beachten. Es muß daher geprüft werden, ob bei einer amerikanischen Adoption die nach den deutschen Gesetzen erforderlichen Einwilligungen vorliegen.

Dabei handelt es sich nach den §§ 1746 ff. BGB um
aa. die vertragliche Erklärung des Kindes,
bb. die Einwilligung der Eltern und
cc. die vormundschaftsgerichtliche Genehmigung.

Weiterhin ist gemäß § 1746 I, Alternative 2 BGB die Einwilligung des Ehegatten des Adoptivkindes erforderlich. Im Rahmen dieser Arbeit ist das letzte Erfordernis jedoch belanglos.

aa) Die Einwilligung des Kindes

Erfolgte die Annahme an Kindes Statt in Amerika durch Vertrag, so ist dafür natürlich die „Einwilligung" des Kindes ebenso wie im deutschen Recht (§ 1741 BGB) nötig. Art. 22 II EG fordert nicht die Einhaltung der deutschen Form (§ 1750 BGB); gemäß Art. 11 I EG sind nur die amerikanischen Formvorschriften zu beachten.

Bei einer Adoption durch Hoheitsakt ist nach amerikanischem Recht die Einverständniserklärung des Kindes erforderlich, sei es in Form eines Antrags an das Gericht, sei es als Erklärung vor dem Gericht[135]. Die von Art. 22 II EG i. V. mit § 1741 BGB geforderte Willenserklärung des Kindes läßt sich in entsprechender Anwendung des § 1726 II BGB dem amerikanischen Recht angleichen[136].

Soweit das Kind zu jung ist, um diese Erklärung abzugeben, müssen an seiner Stelle seine Eltern handeln.

bb) Die Einwilligung der natürlichen Eltern

Diese Einwilligung ist auch nach amerikanischem Recht erforderlich[137]. Art. 22 II EG wird also in jedem Fall hinsichtlich dieser Erklärung genügt.

cc) Die vormundschaftsgerichtliche Genehmigung

§ 1751 I Halbsatz 2 BGB verlangt die vormundschaftsgerichtliche Genehmigung der Erklärung des gesetzlichen Vertreters, wenn dieser für

---

[135] S. z. B. Cal. Civ. Code § 225, abgedruckt bei Goldstein - Katz 842; BayObLG 1956, 285 ff., 289; New York Domestic Relations Law § 111 (1).
[136] Soergel - Kegel, Art. 22 Randz. 19.
[137] S. z. B. Cal. Civ. Code § 224, abgedruckt bei Goldstein - Katz 841; New York Domestic Relations Law § 111 (2) (3).

das Kind handelt. Ist das Kind über 14 Jahre alt und schließt selbst den Adoptionsvertrag, ist die vormundschaftsgerichtliche Genehmigung ebenfalls erforderlich, § 1751 II, Halbsatz 2 BGB.

c) Das Fehlen der vormundschaftsgerichtlichen Genehmigung bei der vertraglichen Adoption

Ein amerikanisches Gericht wird diese Genehmigung eines deutschen Vormundschaftsgericht normalerweise nicht verlangen. Daher besteht überhaupt keine Gewähr, daß die amerikanische Adoption erst erfolgt, wenn diese Genehmigung vorliegt.

Handelt es sich um eine vertragliche Adoption, besteht weitgehend Einigkeit darüber, daß das Fehlen der vormundschaftsgerichtlichen Genehmigung den Adoptionsvertrag schwebend unwirksam macht, § 1829 BGB[138]. Die Genehmigung kann daher nachträglich eingeholt werden.

Es darf sich jedoch bei dieser Einwilligung des gesetzlichen Vertreters, die vom Vormundschaftsgericht genehmigt wird, nicht um eine vorherige Zustimmung im Sinne des § 183 BGB handeln. Da sowohl im Adoptionsrecht als auch in Art. 22 II EGBGB der Begriff der Einwilligung nicht in dem technischen Sinn des § 183 BGB gebraucht ist[139], kann die Einwilligung nachgeholt werden, und mit ihr die vormundschaftsgerichtliche Genehmigung.

d) Das Fehlen der vormundschaftsgerichtlichen Genehmigung bei der Adoption durch Hoheitsakt

Anders als bei der vertraglichen Adoption sieht das Problem, ob die vormundschaftsgerichtliche Genehmigung nachgeholt werden kann, bei der Adoption durch Hoheitsakt aus: Die ohne Genehmigung des Vormundschaftsgerichts erteilte Einwilligung des gesetzlichen Vertreters ist unwirksam, § 1831 BGB, so daß gemäß Art. 22 II EG die Adoption insgesamt unwirksam sein müßte.

Versuche, die Adoption durch Hoheitsakt einer vertraglichen Adoption gleichzustellen[140], was die Anwendbarkeit von § 1831 BGB ausschlösse, scheitern an der unterschiedlichen Rechtsnatur beider Adop-

---

[138] KG, OLGRspr. 18, 283 ff., 286; a. A. Gernhuber 744 Fußnote 3, unter Hinweis auf die §§ 1742, 1754 I 1 BGB; weitere Nachweise bei Gernhuber, a.a.O.
[139] BayObLGZ 1956, 285 ff., 291.
[140] OLG Karlsruhe, FamRZ 1957, 224 f.; Müller, FamRZ 1956, 174 f.; Wengler, NJW 1959, 127, 130.

tionsarten[141]. Deutlich wird dieser Unterschied beispielsweise bei der Frage, wie die Adoption rückgängig gemacht werden kann. Im Gegensatz zur Lage beim Adoptionsvertrag, der im Prinzip Vertragsregeln folgt[142], läßt sich bei der Adoption durch Hoheitsakt die Einwilligung der Parteien bis zu dem konstitutiven Gerichtsbeschluß schwer, nach Erlaß des Beschlusses gar nicht mehr aus der Welt schaffen[143].

Somit steht fest, daß bei Fehlen der vormundschaftsgerichtlichen Genehmigung Art. 22 II EG eingreift. Nach deutschem internen Recht ist eine ohne diese Genehmigung vorgenommene Adoption unwirksam. Eine nachträgliche vormundschaftsgerichtliche Genehmigung käme nicht in Frage, weil nichts vorliegt, das genehmigt werden könnte[144]. Die Adoption müßte neu vorgenommen werden.

Auf den ersten Blick gilt das Gleiche für die in Amerika ohne vormundschaftsgerichtliche Genehmigung vorgenommene Adoption[145]. Allerdings ist mit einer Neuvornahme dort nicht zu rechnen.

Der Unterschied zwischen einer nichtigen deutschen Adoption und einer in Deutschland unwirksamen amerikanischen Adoption liegt jedoch darin, daß in den Vereinigten Staaten auf Art. 22 II EG keine Rücksicht genommen werden muß. Nach dortigem Recht ist die Adoption ohne die vormundschaftsgerichtliche Genehmigung wirksam. Die durch Art. 22 II EG begründete Unwirksamkeit gilt nur für den Bereich der deutschen Rechtsordnung; hier wird die Adoption wegen der fehlenden Genehmigung des Vormundschaftsgerichts nicht anerkannt; ein Randvermerk im Geburtenbuch ist unzulässig. Art. 22 II hat für ausländische Adoptionen durch Hoheitsakt die Bedeutung, wie sie § 328 ZPO für Urteile der streitigen Gerichtsbarkeit hat[146]. Für Akte der freiwilligen Gerichtsbarkeit ist § 328 ZPO ohnehin nicht unmittelbar anwendbar[147].

Die Tatsache, daß ein für Amerika wirksamer Adoptionsbeschluß in Deutschland aufgrund des Art. 22 II EG nicht anerkannt wird, zeigt, daß dieser Beschluß immerhin kein nullum ist. Werden die Einwilli-

---

[141] S. o. E II 5; dazu auch Booß 133 f.
[142] Gernhuber 728.
[143] Annot. 138 A.L.R. 1038 (1942); 156 A.L.R. 1011 (1945); Cal. Civ. Code § 226 a, abgedruckt bei Goldstein - Katz 842; 9 N.J. Stat., ch. 3—19.1 (1958 Supp.), bei Goldstein - Katz 1150; Comment, 28 U. Chi. L. Rev. 564.
[144] BGHZ 30, 306 ff., 308.
[145] Zum Folgenden ausführlich BayObLGZ 1956, 285 ff.
[146] BayObLG 1956, 285 ff., 291; 1968, 331 ff., 335; Gündisch, FamRZ 1957, 199 f.
[147] Riezler 9 f., 529; Soergel - Kegel, Randz. 392 vor Art. 7; die Voraussetzungen für die Anerkennung einer im Ausland erfolgten Adoption, die sich anhand von Art. 22 und 30 EG bemessen, unterscheiden sich aber nicht wesentlich von den Anforderungen des § 328 ZPO; s. BayObLG 1968, 331 ff., 335.

IV. Das deutsche Kollisionsrecht

gung des gesetzlichen Vertreters und die dazugehörige vormundschaftsgerichtliche Genehmigung nachgeholt, steht einer Anerkennung des amerikanischen Adoptionsbeschlusses in Deutschland nichts entgegen[148].

---

[148] Das ist jetzt h. M.: BayObLG 1956, 285 ff.; OLG Karlsruhe, FamRZ 1957, 224 f.; Erlaß des Justizministers von BW, StAZ 1958, 87 f., gegen Erlaß des Justizministers von BW, DJ 1955, 185; Beitzke, StAZ 1953, 99; Gündisch, FamRZ 1957, 199; a. A.: Burkhardt, NJW 1954, 1515 f.; OLG Celle, JZ 1954, 702 (obiter dictum betreffend eine Adoption nach englischem Recht).

Schrifttumsverzeichnis

Die deutschen Abkürzungen entsprechen dem „Abkürzungsverzeichnis der Rechtssprache" von Kirchner, 2. Aufl., 1968.

Die Zitate aus dem anglo-amerikanischen Schrifttum folgen dem „Uniform System of Citation", 11 th ed., 1967.

Werden mehrere Werke eines Schriftstellers verwendet, erscheinen die Titel dieser Werke auch in den Fußnoten. Soweit Titel in abgekürzter Weise zitiert werden, ist die Abkürzung im Schrifttumsverzeichnis in Klammern nach dem vollständigen Titel angegeben.

American Law Institute: Restatement of the Law of Judgments, 1942.
— Restatement of the Law of Conflict of Laws, 1934 (Restatement).
— Restatement of the Law (Second), Conflict of Laws, Tentative Draft No. 4, 1957 (Restatement 2d, Tent. Draft No. 4).
— Restatement of the Law (Second), Conflict of Laws, Proposed Official Draft Part I, 1967 (Restatement 2d, Prop. Off. Draft I).
Annotations: Right of presumptive heir to object to adoption, 16 A.L.R. 1020 (1922).
— Legitimation by subsequent marriage annulled under a statute declaring that certain marriages shall be void from the time their nullity is declared, 27 A.L.R. 1121 (1923).
— Conflict of laws as to legitimacy or legitimation, or as to rights of illegitimates, as affecting descent and distribution of decedents' estates, 73 A.L.R. 941 (1931); 162 A.L.R. 626 (1946); 87 A.L.R. 2d 1274 (1963).
— What constitutes a „marriage" within meaning of a statute legitimating issue of all marriages null in law, 84 A.L.R. 499 (1933).
— Right of natural parent, or other person whose consent is necessary to adoption of child, to withdraw consent previously given, 138 A.L.R. 1038 (1942); 156 A.L.R. 1011 (1945).
— Jurisdiction to award custody of child having legal domicil in another state, 4 A.L.R. 2d 7 (1949).
— Jurisdiction of court to award custody of child domiciled in state but physically outside it, 9 A.L.R. 2d 434 (1950).
— Residence or domicile, for purpose of divorce action, of one in armed forces, 21 A.L.R. 2d 1163 (1952).
— Sufficiency of parent's consent to adoption of child, 24 A.L.R. 2d 1127 (1952).
— What amounts to recognition within statutes affecting the status or rights of illegitimates, 33 A.L.R. 2d 705 (1954).
— What constitutes abandonment or desertion of child by its parent or parents within purview of adoption laws, 35 A.L.R. 2d 662 (1954).

— Who may dispute presumption of legitimacy of child conceived or born during wedlock, 53 A.L.R. 2d 572 (1957).
— Construction, application, and effect of § 11 of the Uniform Declaratory Judgments Act that all persons who have or claim any interest which would be affected by the declaration shall be made parties, 71 A.L.R. 2d 723 (1960).
— Conflict of laws as to contract to adopt, 81 A.L.R. 2d 1128 (1962).
— Conflict of laws as to adoption as affecting descent and distribution of decedent's estate, 87 A.L.R. 2d 1240 (1963).
— What law governs validity and enforceability of contract made for support of illegitimate child, 87 A.L.R. 2d 1306 (1963).
— Inheritance by illegitimate from or through mother's ancestors or collateral kindred, 97 A.L.R. 2d 1101 (1964).
— Effect of marriage of woman to one other than defendant upon her right to institute or maintain bastardy proceeding, 98 A.L.R. 2d 256 (1964).
— Adoption of Adult, 21 A.L.R. 3d 1013 (1968).
Atkinson: Foreword (to Symposium on guardianship), 45 Iowa L. Rev. 209 (1960).
Bachmann: Die zu einer rechtswirksamen Legitimation unehelicher Kinder erforderliche Rechtshandlung in den Bundesstaaten der USA, StAZ 1950, 210.
— Die Adoption deutscher Kinder durch Angehörige der Vereinigten Staaten von Amerika, StAZ 1955, 36 ff.
Beale: The Status of the Child and the Conflict of Laws, 1 U. Chi. L. Rev. 13 (1933).
— Treatise on the Conflict of Laws, Vol. 2, 1935.
Beitzke: Anm. zu LG München II, NJW 1951, 278 ff.
— Unwirksame Auslandsadoptionen, StAZ 1953, 97 ff.
— Internationale Zuständigkeit in Legitimationssachen, Festschrift für Herbert Kraus, 1954, S. 20 ff.
— Die Eintragung der Adoption ins Standesregister, FamRZ 1956, 172 ff.
— Anm. zu KG, NJW 1960, 248 ff.
— Zur Anerkennung ausländischer Ehelichkeitsanfechtungen, StAZ 1960, 89 ff.
— Grundgesetz und Internationalprivatrecht, 1961.
— Vaterschafts- und Mutterschaftsanerkenntnisse sowie Legitimation nach ausländischem Recht, StAZ 1962, 237.
— Geburtenbeurkundung bei Ausländerkindern, StAZ 1966, 329 ff.
— Die deutsche internationale Zuständigkeit in Familienrechtssachen, FamRZ 1967, 592 ff.
— Internationalrechtliches zum nichtehelichen Kind, StAZ 1970, 235.
Bergmann - Ferid: Internationales Ehe- und Kindschaftsrecht, Bd. VI, 3. Aufl., 1965.
Blackstone: Commentaries on the Laws of England, Book I, 19 th ed., 1765.
Boehmer, G.: Zur Frage der Unterlassungs- und Schadensersatzklage bei Ehestörungen, JZ 1953, 745 ff.
Börner: Personalstatut und Ehefähigkeit von Angehörigen der U.S.A., StAZ 1956, 43 ff.

Booß: Fragen der „wesenseigenen Zuständigkeit" im internationalen Familienrecht (Diss. Bonn 1965).
Brintzinger: Zur Anerkennung von Scheidungen englischer Ehen durch deutsche Gerichte in England, JZ 1960, 346 ff.
Broeder - Barrett: Impact of Religious Factors in Nebraska Adoptions, 38 Neb. L. Rev. 641 (1959).
Brühl: Die Adoption deutscher Kinder durch Staatsangehörige der USA, NJW 1958, 1381 f.
Burckhardt: Zur Adoption deutscher Kinder in den USA, NJW 1954, 1515 f.
Cavers: A Critique of the Choice-of-Law Problem, 47 Harv. L. Rev. 173 (1933).
Cheatham - Griswold - Reese - Rosenberg: Cases and Materials on Conflict of Laws, 5th ed., 1964.
Comments: Artificial Insemination: A Parvenu Intrudes on Ancient Law, 58 Yale L.J. 457 (1948—49).
— Moppets on the Market: The Problem of Unregulated Adoptions, 59 Yale L.J. 715 (1950).
— Husband and Wife ... test-tube babies, 41 A.B.A.J. 263 (1955).
— Court Characterizes Foreign Born Acknowledged Natural Child as Illegitimate, 57 Colum. L. Rev. 580 (1957).
— Revocation of Parental Consent to Adoption: Legal Doctrine and Social Policy, 28 U. Chi. L. Rev. 564 (1961).
Clad - Halstead - Crocker: Family Law, 3rd ed., 1964.
von Craushaar: Die internationalrechtliche Anwendbarkeit deutscher Prozeßnormen, 1961.
Deutsche Landesreferate zum VII. Internationalen Kongreß für Rechtsvergleichung in Uppsala 1966, herausgegeben von von Caemmerer und Zweigert, 1967 (Landesreferate).
Dicey - Morris: The Conflict of Laws, 8th ed., 1967.
Dölle: Gleichberechtigung der Geschlechter und internationales Privatrecht, RabelsZ 1953, 119 f.
— Zur Behandlung der bigamischen Ehe im internationalen Privatrecht, Festschrift für Gustav Boehmer, 1954, S. 134 ff.
— Die künstliche Samenübertragung, Festschrift für Ernst Rabel, I, 1954, S. 187 ff.
— Über einige Kernprobleme des internationalen Rechts der freiwilligen Gerichtsbarkeit, RabelsZ 1962, 201 ff.
— Familienrecht, Bd. II, 1965.
Domke: American-German Private Law Relations Cases 1945—1955, 1956.
Dopffel: Anerkennung ausländischer Adoptionen im englischen Rechtskreis, RabelsZ 1957, 220 ff.
— Anerkennung ausländischer Scheidungsurteile, RabelsZ 1958, 288 ff.
Donahue, et al.: The Status of Illegitimates in New England, 38 B.U.L. Rev. 299 (1958).
Dorenberg: Hinkende Rechtsverhältnisse im internationalen Familienrecht, 1968.
Ehrenzweig: Treatise on the Conflict of Laws, 1962 (Treatise).
— The „Bastard" in the Conflict of Laws — A National Disgrace, 29 U. Chi. L. Rev. 498 (1962).

Ehrenzweig: The Second Conflicts Restatement: A Last Appeal for Its Withdrawal, 113 U. Pa. L. Rev. 1230 (1964—65).
— The Interstate Child and Uniform Legislation: A Plea for Extralitigious Proceedings, 64 Mich. L. Rev. 2 (1965).
— Private International Law (General Part), 1967.
Ehrenzweig - Louisell: Jurisdiction in a Nutshell, 2d ed., 1968.
Embick: The Illegitimate Father, 3 J. Fam. L. 321 (1963—64).
Erman: Handkommentar zum Bürgerlichen Gesetzbuch, 2. Bd., 4. Aufl., 1967.
Ester: Illegitimate Children and Conflict of Laws, 36 Ind. L.J. 163 (1960—61).
Ferid: Das Staatsangehörigkeitsrecht der Vereinigten Staaten von Nordamerika, 1951, Nachtrag 1953.
— Beischreibung der unehelichen Vaterschaft nach § 30 PStG auf Grund ausländischer Urteile, StAZ 1953, 50 ff.
Ferid - Firsching: Internationales Erbrecht, Bd. III, US, Lfg. III.
Falconbridge: Essays on the Conflict of Laws, 2d ed., 1954.
Firsching: Deutsch-amerikanische Erbfälle, 1965 (Erbfälle).
— Gesetz über die rechtliche Stellung der nichtehelichen Kinder v. 19. 8. 1969, DNotZ 1970, 455 ff.
Fleming: Civil Procedure, 1965.
Foote - Levy - Sander: Cases and Materials on Family Law, 1966.
Foster - Freed: Family Law, 1968/69 Annual Survey of American Law 319 (1969).
Frankenstein: Internationales Privatrecht (Grenzrecht), 3. Bd., 1934, 4. Bd., 1935.
Gamillscheg: Besprechung von Ehrenzweigs Treatise on the Conflict of Laws, RabelsZ 1964, 144 ff.
Gernhuber: Lehrbuch des Familienrechts, 2. Aufl., 1971.
Goldfarb: Symposium on Artificial Insemination — The Legal Viewpoint, 7 Syracuse L. Rev. 108 (1955).
Goldstein - Katz: The Family and the Law, 1965.
Goodrich: Handbook of the Conflict of Laws, 3rd ed., 1949.
Goodrich - Scoles: Handbook of the Conflict of Laws, 4th ed., 1964.
Gräber: Die Scheidung der Ehe von USA-Bürgern, die sich in Deutschland befinden, FamRZ 1963, 493 ff.
Grasmann: Die Anerkennung ausländischer Scheidungsurteile in den USA als Voraussetzung der deutschen Zuständigkeit, FamRZ 1964, 345.
Graveson: Choice of Law and Choice of Jurisdiction in the English Conflict of Laws, 28 Brit. Y.B. Int'l L. 273 (1951).
— Status in the Common Law, 1953.
Gündisch: Anm. zu AG Heidenheim, StAZ 1955, 114 ff.
— Zur Adoption deutscher Kinder in den USA, FamRZ 1957, 199 ff.
— Internationale Zuständigkeit und versteckte Rückverweisung bei Adoptionen durch Amerikaner in Deutschland, FamRZ 1961, 352 ff.
Gutermuth: Die Geltendmachung der Unehelichkeit einer ehelich geborenen Person in England und den USA in vergleichender Darstellung mit dem deutschen Recht, Diss. Münster 1964.

Guttman: Presumptions of Legitimacy and Paternity Arising out of Birth in Lawful Wedlock, 5 Int'l & Comp. L.Q. 217 (1956).
— The Status of Legitimacy in Comparative Conflict of Laws, 8 Int'l & Comp. L.Q. 678 (1959).
Hay: International versus Interstate Conflicts Law in the United States, RabelsZ 1971, 429 ff.
Hagemeyer: Das Familienrecht seit dem 1. April 1953, NJW 1953, 601 ff.
Heldrich: Internationale Zuständigkeit und anwendbares Recht, 1969.
Henrich: Zur Anfechtung der Ehelichkeit eines Kindes im internationalen Privatrecht, FamRZ 1958, 122 ff.
— Der Domizilbegriff im englischen internationalen Privatrecht, RabelsZ 1960, 456 ff.
— Das Bestehen einer Ehe als Vorfrage im internationalen Privatrecht, StAZ 1966, 219 ff.
— Die Rechtsverhältnisse zwischen Eltern und Kindern aus hinkenden Ehen, StAZ 1969, 141 ff.
von Hippel: Richterliche Reform des Unehelichenrechts in den USA, FamRZ 1969, 74.
Hoening: Die Legitimation unehelicher Kinder im deutschen IPR, Diss. Köln 1953.
Holt: Die Gültigkeit der Ehe im Kollisionsrecht der Vereinigten Staaten von Amerika, RabelsZ 1956, 21 ff.
Infausto - Shanley: Annual Review of Decisions and Statutory Revisions Affecting Adoptions 1965—1966, 1 Fam. L.Q. 10 (1967).
Das internationale Familienrecht Deutschlands und Frankreichs in vergleichender Darstellung, 1955 (Internationales Familienrecht).
Jansen, P.: FGG, Kommentar, 2. Bd., 2. Aufl., 1970.
Jansen, L. - Knöpfel: Das neue Unehelichengesetz, 1967.
Jansen, L.: Das europäische Adoptionsübereinkommen, MittAGJ 1967, 50 ff.
Jayme: Spannungen bei der Anwendung italienischen Familienrechts durch deutsche Gerichte, 1961.
— Anm. zu LG Siegen, StAZ 1967, 158 ff.
— Deutsch-italienische Adoptionen, StAZ 1969, 30 ff.
— Neuere Entwicklungen im internationalen Kindschaftsrecht, StAZ 1971, 65 ff.
Jochem: Die persönlichen Rechtsbeziehungen der Ehegatten in einer „hinkenden" Ehe — ein Sonderproblem? FamRZ 1964, 392 ff.
Jones: Adoption in the Conflict of Laws, 5 Int'l & Comp. L.Q. 207 (1956).
Käser: Anmerkung zu LG Stuttgart, RabelsZ 1954, 152 ff.
Kegel: Die Anwendung des Rechts ausländischer Staaten mit räumlicher Rechtsspaltung, Festschrift der Arbeitsgemeinschaft für Forschung des Landes Nordrhein-Westfalen zu Ehren des Herrn Ministerpräsidenten Karl Arnold, 1955, S. 61 ff.
— Die Grenze von Qualifikation und Renvoi im internationalen Verjährungsrecht, 1962 (Verjährungsrecht).
— Internationales Privatrecht, 3. Aufl., 1971.
Keidel: Freiwillige Gerichtsbarkeit, 9. Aufl., 1967.

Knauer: Anmerkung zu BGH, RabelsZ 1960, 313 ff.
Krause: Bringing the Bastard into the Great Society — a Proposed Uniform Act on Legitimacy, 44 Tex. L. Rev. 829 (1966).
— Bastards Abroad — Foreign Approaches to Illegitimacy, 15 A.J. Comp. L. 726, (1967).
— Equal Protection for the Illegitimate, 65 Mich. L. Rev. 477 (1967).
— Legitimate and Illegitimate Offspring of Levy v. Louisiana — First Decisions on Equal Protection and Paternity, 36 U. Chi. L. Rev. 338 (1969).
— Kommende Entwicklungen im amerikanischen Unehelichenrecht, FamRZ 1969, 304 ff.
Krüger - Breetzke - Nowack: Gleichberechtigungsgesetz, Kommentar, 1958.
Larenz: Methodenlehre der Rechtswissenschaft, 2. Aufl., 1969.
Lasok: Legitimation, Recognition and Affiliation Proceedings, 10 Int'l & Com. L.Q. 123 (1961).
Lauterbach: Vorschläge und Gutachten zur Reform des deutschen internationalen Eherechts, 1962 (Eherecht).
— Vorschläge und Gutachten zur Reform des deutschen internationalen Kindschafts-, Vormundschafts- und Pflegschaftsrechts, 1966 (Kindschaftsrecht).
Leflar: American Conflicts Law, 1968.
— Conflict of Laws, 1968/69 Annual Survey of American Law 31 (1969).
— Conflict of Laws, 1969/70 Annual Survey of American Law 1 (1970).
Lenhoff: Die Anerkennung und Vollstreckung ausländischer Urteile in den USA, RabelsZ 1954, 201 ff.
Lewald: Das deutsche internationale Privatrecht, 1931.
Lingens: Die Adoption im deutschen internationalen Privatrecht, Diss. Köln 1954.
Madden: Handbook on the Law of Persons and Domestic Relations, 1931.
Madlener: Das französische Unehelichenrecht, 1969.
Makarov: Personalstatut und persönlicher Status, Rechtsvergleichung und Rechtsvereinheitlichung, 1967, S. 115 ff. (Personalstatut).
Mann: Legitimation and Adoption in Private International Law, 57 L.Q. Rev. 112 (1941).
Marsh: Marital Property in Conflict of Laws, 1952.
Massey: Artificial Insemination: The Law's Illegitimate Child? 9 Vill. L. Rev. 77 (1963).
Massfeller: Die Gleichberechtigung in der Praxis des Standesbeamten nach dem 1. April 1953, StAZ 1953, 73 ff.
Massfeller - Hoffmann: Personenstandsgesetz, Ordner I, ab 1963.
von Mehren - Trautmann: The Law of Multistate Problems, 1965.
— Jurisdiction to Adjudicate: A Suggested Analysis, 79 Harv. L. Rev. 1121 (1966).
— Recognition of Foreign Adjudications: A Survey and a Suggested Approach, 81 Harv. L. Rev. 1601 (1968).
Melchior: Die Grundlagen des deutschen internationalen Privatrechts, 1932.
Mooney: Equitable Adoption, 3 J. Fam. L. 349 (1963).

Motive zu dem Entwurf eines Bürgerlichen Gesetzbuches für das deutsche Reich, IV. 2. Aufl., 1896.

Müller, D.: Anmerkung zu OLG Karlsruhe, StAZ 1969, 160 ff.

Müller, K.: Zum Begriff der „Anerkennung" von Urteilen in § 328 ZPO, ZZP 79 (1966), 199 ff.

Müller, W.: Zur Adoption deutscher Kinder durch Angehörige der Vereinigten Staaten von Amerika, FamRZ 1956, 174 f.

Müller-Freienfels: Scheidungsstatut und Gleichberechtigung, JZ 1957, 141 ff.

Neuhaus: Legitimation und Adoption durch Amerikaner in Deutschland, DRechtsZtg. 1949, Beih. 9, S. 7 ff.

— Anmerkung zu OLG Celle, JZ 1954, 702 ff.

— Anmerkung zu OLG Frankfurt, RabelsZ 1954, 554 ff.

— Die Grundbegriffe des internationalen Privatrechts, 1962 (Grundbegriffe).

— Das Vorfragenproblem bei Feststellung des Status von Kindern nur kirchlich getrauter Ausländer, FamRZ 1965, 541 ff.

— Anmerkung zu BayObLG, FamRZ 1966, 144 ff.

— Zur internationalen Zuständigkeit in der Freiwilligen Gerichtsbarkeit, NJW 1967, 167 f.

Niederländer: Materielles Recht und Verfahrensrecht im internationalen Privatrecht, RabelsZ 1955, 1 ff.

Notes: Conflict of Laws — Adoption — Jurisdiction, 24 Mich. L. Rev. 486 (1925—26).

— Legitimation of the Issue of Invalid Marriages in the Conflict of Laws, 46 Yale L.J. 1049 (1936—37).

— Jurisdictional Bases of Custody Decrees, 53 Harv. L. Rev. 1024 (1940).

— Conflict of Laws — Jurisdiction — Citizenship as a Basis for Personal Jurisdiction..., 21 Neb. L. Rev. 332 (1942).

— Artificial Insemination — Its Socio-Legal Aspects, 33 Minn. L. Rev. 145 (1948—49).

— Legal and Social Implications of Artificial Insemination, 34 Iowa L. R. Rev. 658 (1949).

— Child Abandonment: The Botched Beginning of the Adoption Process, 60 Yale L.J. 1240 (1951).

The Socio-Legal Problems of Artificial Insemination, 28 Ind. L.J. 620 (1952—53).

— Development in the Law — Immigration and Nationality, 66 Harv. L. Rev. 643 (1952—53).

— Child Neglect: Due Process for the Parent, 70 Col. L. Rev. 465 (1970).

— Uniform Probate Code — Illegitimacy — Inheritance and the Illegitimate: A Model for Probate Reform, 69 Mich. L. Rev. 112 (1970).

Nussbaum: Deutsches internationales Privatrecht, 1932.

Oppenheim: Acknowledgment and Legitimation in Louisiana, 19 Tul. L. Rev. 325 (1945).

Palandt: Bürgerliches Gesetzbuch, 31. Aufl., 1972.

Parry: A Conflicts Myth: The American „Consular" Marriage, 67 Harv. L. Rev. 1187 (1953—54).

Paulsen - Sovern: „Public Policy" in the Conflict of Laws, 56 Colum. L. Rev. 969 (1956).
Peterson: Die Anerkennung ausländischer Urteile im amerikanischen Recht, 1964.
— Die Anerkennung und Vollstreckung ausländischer Urteile in den Vereinigten Staaten von Amerika, RabelsZ 1969, 543 ff.
Petz: Artificial Insemination — Legal Aspects, 34 U. Det. L.J. 404 (1957).
Pfeiffer: Religion in the Upbringing of Children, 35 B.U.L. Rev. 333 (1955).
Protokolle der Kommission für die zweite Lesung des Entwurfs des Bürgerlichen Gesetzbuches, Bd. IV, 1897.
Raape: Internationales Privatrecht, 5. Aufl., 1961.
Rabel: Aus der Praxis des deutschen internationalen Privatrechts, RabelsZ 1932, 310 ff.
Rabel - Drobnig: The Conflict of Laws, Vol. I, 2d ed., 1958.
Radler: Legal Problems of Artificial Insemination, 39 Marq. L. Rev. 146 (1955).
Randzio: Verfahren und Zuständigkeit im internationalen Adoptionsrecht, Diss. Kiel 1969.
Reese: Does Domicil Bear a Single Meaning, 55 Colum. L. Rev. 589 (1955).
Reithmann: Adoption durch Engländer und Amerikaner in Deutschland, DNotZ 1955, 133 ff.
— Wirkungen der Adoption bei Auslandsberührung, Justiz 1956, 179 ff.
— Anmerkung zu BayObLG 1959, 540 ff., DNotZ 1960, 251 ff.
Rheinstein: Anmerkung zu RG 136, 361, Giur. Comp. di D.I.P. 1937, 150 ff.
— Jurisdiction in Matters of Child Custody, 26 Conn. B.J. 48 (1952).
Riezler: Internationales Zivilprozeßrecht und prozessuales Fremdenrecht, 1949.
Rings: Die Adoption in der Rechtsprechung des Reichsgerichts und der Oberlandesgerichte, Diss. Köln 1937.
Röder: Anmerkung zu BayObLG, NJW 1970, 997 ff.
Ryan - Granfield: Domestic Relations — Civil and Canon Law, 1963.
Savigny: System des heutigen Römischen Rechts, 8. Band, 1849.
Schmitt - Peters: Die Eintragung in deutsche Personenstandsbücher in Fällen mit Auslandsberührung, 1960.
Schröder, J.: Die Anpassung von Kollisions- und Sachnormen, 1961.
Schulhöfer: Typen der Adoption, Diss. München 1928.
Schweizer: Die Rechtsprechung des Bayerischen Obersten Landesgerichts auf dem Gebiet des Internationalen Privatrechts, Diss. München 1965.
Schwoerer: Wird das uneheliche Kind einer deutschen Mutter durch nachfolgende Ehe legitimiert, wenn ein Franzose die Mutter heiratet und dabei vor dem französischen Standesbeamten das Kind anerkennt, obwohl er nicht der Vater ist? StAZ 1953, 145 ff.
— Anmerkung zu LG Freiburg, JZ 1956, 253 f.
Scoles: Interstate and International Distinctions in Conflict of Laws in the United States, 54 Cal. L. Rev. 1599 (1966).
Scoles - Weintraub: Cases and Materials on Conflict of Laws, 1967.
Selected Essays on Family Law, 1950 (Selected Essays).

Selected Readings on Conflict of Laws, 1956 (Selected Readings).
Serick: Parallelwirkungen im internationalen Privatrecht, RabelsZ 1956, 207 ff.
Simitis: Anmerkung zu BGH, StAZ 1969, 10 ff.
Soergel - Siebert: Bürgerliches Gesetzbuch, 10. Aufl., VII. Bd., 1970.
Sonnenberger: Die Ehelichkeitsanfechtung bei amerikanischer Staatsangehörigkeit der Beteiligten, FamRZ 1964, 238 ff.
Spieß: Die ungültige Ehe im Recht der Vereinigten Staaten, Diss. Köln 1964.
Staudinger - Raape: Kommentar zum Bürgerlichen Gesetzbuch, Band VI, Einführungsgesetz, 2. Teil, 9. Aufl., 1931.
Staudinger: Kommentar zum Bürgerlichen Gesetzbuch, EGBGB, Teil 2, Lfg. 1, 11. Aufl., 1970.
Stein - Jonas: Kommentar zur Zivilprozeßordnung, 19. Aufl., 9. Lfg., 1969.
Stone: Zur neuesten Entwicklung des englischen Familienrechts, AcP 1961, 526 ff.
Stumberg: The Status of Children in the Conflict of Laws, 8 U. Chi. L. Rev. 42 (1940).
— Principles of Conflict of Laws, 3rd ed., 1963.
Sturm: Zur Gleichberechtigung im deutschen internationalen Privatrecht, Rechtsvergleichung und Rechtsvereinheitlichung, 1967, S. 155 ff.
Taintor: Adoption in the Conflict of Laws, 15 U. Pit. L. Rev. 222 (1954).
— Legitimation, Legitimacy and Recognition in the Conflict of Laws, Selected Readings on Conflict of Laws, 1956, 843.
Tallin: Artificial Insemination, 34 Can. B. Rev. 1, 166 (1956).
Vernier: American Family Laws, Vol. IV, Parent and Child, 1936.
Weinberger: A Partial Solution to Legitimacy Problems Arising from the Use of Artificial Insemination, 35 Ind. L.J. 143 (1959—60).
Welsh: Legitimacy in the Conflict of Laws, 63 L.Q. Rev. 65 (1947).
Wengler: Zur Adoption deutscher Kinder durch amerikanische Staatsangehörige, NJW 1959, 127 ff.
— Die Ehelichkeit der Kinder aus hinkenden Ehen griechischer Staatsangehöriger in Deutschland, JR 1963, 41 ff.
Wieczorek: Zivilprozeßordnung, Bd. III, 1957.
Wimmer: Die Adoption im internationalen Privatrecht, Diss. München 1958.
Wolff: Private International Law, 2d ed., 1950.
— Das internationale Privatrecht Deutschlands, 3. Aufl., 1954 (IPR).

Printed by Libri Plureos GmbH
in Hamburg, Germany